JN173312

学級担任が進める特別支援教育の知識と実際

集団の教育力を生かしたインクルーシブ教育の実現

河村茂雄 編著

図書文化

まえがき

　わが国では 2007（平成 19）年度にスタートした特別支援教育において，「共生社会の形成に向けたインクルーシブ教育システム構築のための特別支援教育の推進」（文部科学省，2012）が示され，インクルーシブ教育の推進が改めて方向づけられました。

　「共生社会」とは，障害者も健常者も，女性も男性も，高齢者も若者も，すべての人がお互いの人格と個性を尊重し，多様性を認め合い，支え合うことで，だれもがいきいきと暮らしていける社会です。共生社会の実現のためには，特に，これまで十分に社会参加できる環境にはなかった障害のある人たちが，積極的に社会参加し，社会の一員として貢献していくことができる社会をめざすことが大切です。

　教育の場においても同様で，インクルーシブ教育では，障害の有無にかかわらず，すべての子どもができるだけ同じ場で共に学び育つことをめざしています。

　子どもたちを障害の有無によって分けずに，すべての子どもたちを包み込む（inclusive）教育を推進していくためには，子ども一人一人の教育的ニーズを把握し，ニーズに応じた適切な指導と必要な支援を行っていくことが大切になります。この観点から教育を進めていくことにより，障害のある子どもにも，障害があることが周囲から認識されていないものの学習上または生活上の困難のある子どもにも，さらにはすべての子どもにとっても，よい効果をもたらすことができる，と考えられるのです。

　特別支援教育がスタートして以降，特に通常学級における発達障害の問題にスポットライトがあたることになりました。発達障害をもつ子どもは，それまで見落とされがちだった子どもたちです。多くの教員が，自分の領域外である特殊教育の範疇と考えており，発達障害をもっている子どもの存在や困り感にあまり気づいてはいなかったのではないでしょうか。適切な対応の仕方についてもほとんど知られていなかったと思います。しかし現実には，発達障害をも

つ子どもが，通常学級に一定の割合で在籍しています。

　したがって，多様な子どもたちを包括する教育（インクルーシブ教育）を推進していくために，通常学級においてもさまざまな工夫が必要となります。例えば，授業のポイントを板書したり，学級内のルールを明文化して掲示するなど，多くの子どもが，わかりやすく行動しやすいように展開する「ユニバーサルデザインの教育」を行うことが期待されます。

　特別支援教育のさらなる充実をめざすには，学校教育のあり方そのものの変化も迫られます。従来のような一斉指導の方法で指導し，それが理解できない子どもには特別メニューを提供するという展開ではなく，最初からすべての子どもたちに複数の学習方法を提示し，一人一人の子どもが自己選択・自己決定して学習に取り組んでいくことがあたりまえになってきています。

　このような流れは，教育職員免許法の改定にも反映されてきました。1998（平成 10）年の教育職員免許法施行規則では，特別支援学校以外の教員免許を取得する際は，「障害のある幼児，児童及び生徒の心身の発達及び学習の過程」を「教職の基礎理論に関する科目」の「幼児，児童及び生徒の心身の発達及び学習の過程」に組み込むことが規定され，「教育心理学」や「教育相談」などの教職科目の中で，特別支援教育に関する内容が一部取り上げられました。

　これから改定される次期教育職員免許法では，「特別な支援を必要とする幼児，児童及び生徒に対する理解」に関する科目を 1 単位以上必修とすることが義務づけられます。通常学級の教員にも，特別支援教育に関する一定の知識と支援の仕方に関する能力が，よりハイレベルに求められているのです。

　そこで本書は，教員をめざす方や通常学級の現職の先生方に向けて，インクルーシブ教育システム構築のための特別支援教育の展開のポイントについて，わかりやすくコンパクトにまとめることをめざしました。インクルーシブ教育の実現を伴う学級経営をめざしている方々の，参考にしていただけたら幸いです。

　2017 年 11 月

早稲田大学教授
博士（心理学）河村茂雄

◎目次

まえがき ……………………………………………………………………… 2

発達障害の表記について ……………………………………………… 6

基礎編

1. 障害児教育の歴史 ……………………………………………………… 8

2-1. 障害のある子どもの教育の場とは ……………………………… 12
　　〔特別な指導の場と指導内容〕

2-2. 通級による指導とは ……………………………………………… 14
　　〔特別な指導の場と指導内容〕

2-3. 自立活動とは ………………………………………………………… 16
　　〔特別な指導の場と指導内容〕

3-1. 学校に求められるシステム ……………………………………… 18
　　〔特別支援教育の組織体制〕

3-2. 家庭や専門機関との連携 ………………………………………… 20
　　〔特別支援教育の組織体制〕

4. 障害の理解と対応 …………………………………………………… 24

5. 言語や貧困等の問題をもつ子どもの理解と対応 ………… 32

コラム1　二次障害とは何か …………………………………………… 34

6-1. どんなアセスメントを行うか …………………………………… 38
　　〔個に応じた教育計画〕

6-2. 個別の教育支援計画と個別の指導計画 …………………… 40
　　〔個に応じた教育計画〕

7. インクルーシブ教育を実現する学校システム ……………… 46
　　——アメリカのモデルから——

| コラム2 | 情報機器の活用 ……………… 50

実践編

8. 通常学級における特別支援教育 ……………… 54

| コラム3 | 特別な支援を必要とする子どもの援助ニーズの理解 ……… 60

9-1. これからの学級集団づくり ……………… 62
　　〔インクルーシブ教育の基礎となる学級集団づくり〕

9-2. Q-U の活用 ……………… 66
　　〔インクルーシブ教育の基礎となる学級集団づくり〕

10-1. 多様性を認め合う人間関係づくり ……………… 68
　　〔教室のコミュニケーションづくり〕

10-2. インクルーシブをめざす教員の役割 ……………… 72
　　〔教室のコミュニケーションづくり〕

11. 障害のある子どもへの合理的配慮 ……………… 74

12. 小学生の発達特性と障害特性に応じた支援 ……………… 78

13. 中学生の発達特性と障害特性に応じた支援 ……………… 84

14. 高校生の発達特性と障害特性に応じた支援 ……………… 90

| コラム4 | 学校種を越えた連携の実際 ……………… 96

発達障害の表記について

　特別支援教育には，医療と教育の領域にまたがる概念が多く，教育現場においても，医療分野の専門用語が用いられるケースがあります。また，発達障害にかかわる医療の進歩は近年めざましいものがあり，特に発達障害の名称や診断基準は，時代とともに変化しています。

　本書の表記は，文部科学省の用例を基本に，精神疾患の国際的な診断基準である「DSM-5」も参照しました。

学習障害について

　学習障害（LD）は，以前は「Learning Disability」の略語として表記されることが多く，最近では「Learning Disorder」や「Learning Difficulty」「Learning Differences」と表記されることも増えています。

　DSM-5 では，「限局性学習症／限局性学習障害（SLD：Specific Learning Disorder）」が用いられています。

ADHD について

　ADHD は，不注意と多動性・衝動性を中核とする障害です。これまでは「注意欠陥多動性障害」と表記されていましたが，DSM-5 では「注意欠如・多動症」「注意欠如・多動性障害」と表記されました。

　「Attention-Deficit」と「Hyperactivity Disorder」という二つの組み合わせなので，「AD/HD」と表記されることもあります。

自閉症について

　「高機能自閉症」と「アスペルガー症候群」は，これまで「広汎性発達障害（PDD：Pervasive Developmental Disorders）」の下位に分類されていましたが，DSM-5 で自閉症の枠組みが大きく再編されて，自閉症とその仲間は「自閉スペクトラム症（ASD：Autism Spectrum Disorder）」という診断名に一本化されました。

基礎編

1. 障害児教育の歴史

　障害のある児童生徒に対するわが国の明治維新以降の教育の歴史を振り返ると，①障害の有無により障害児教育と通常教育を分離する教育，②分離せず再び同じ場所で行う統合教育，③障害の有無によって分けず，すべての子どもたちを包み込む教育（インクルーシブ教育）へと，考え方が移行してきたことがわかります。

❶. 障害児教育の開始から特殊教育（養護学校義務化）へ

　明治維新以前，すでに江戸時代の寺子屋には，盲・聾・肢体不自由・知的障害等，障害をもつ子どもが，かなり在籍していたことが報告されています（文部省，1992）。

　わが国の障害児教育の始まりとしては，1872（明治5）年の「学制」で，日本の近代的学校制度が始まった際に，欧米の障害児学校の存在を模して小学の種類として「其外廃人学校アルヘシ」と特殊教育について初めて規定されましたが，実施はみませんでした。

　実質的なわが国最初の障害児教育は盲・聾教育で，1878（明治11）年，京都盲唖院の開設に始まります。

　知的障害教育では，1891（明治24）年に滝乃川学園が，公教育としては1940（昭和15）年に大阪市立恩斉学校が設立されました。

　肢体不自由教育は1932（昭和7）年創立の東京市立光明学校，病弱教育は1889（明治22）年に三重県尋常師範学校に設立されたものが始まりとされます。

　このように，障害児教育は障害種により別々に開始されましたが，教育を受けられるのは，ごく一部の子どもに限られていました。

　次に，障害児教育の義務化までの経緯をみていきましょう。

　第2次世界大戦後の1947（昭和22）年に，「教育基本法」および「学校教育法」が公布されます。

　それによって特殊教育諸学校の設置目的は,「盲学校,聾学校又は養護学校は,夫々(それぞれ)盲者,聾者又は精神薄弱,身体不自由その他心身に故障のある者に対して,幼稚園,小学校,中学校又は高等学校に準ずる教育を施し,あわせてその欠陥を補うために,必要な知識技能を授けることを目的とする」と規定されました(学校教育法第71条)。障害児教育の義務化に関する構想が打ち出されたのです。

　さらに,1948(昭和23)年には「中学校の就学義務並びに盲学校及び聾学校の就学義務及び設置義務に関する政令」が公布されました。養護学校よりもさきに,盲学校と聾学校の義務制(小学部は1948年,中学部は1954年)が始まったことになります。

　1950(昭和25)年,公立病弱養護学校として,門司市立白野江養護学校が設立されると,1953(昭和28)年に「教育上特別な取り扱いを要する児童・生徒の判別基準」,1954(昭和29)年に「盲学校,聾学校及び養護学校への就学奨励に関する法律」,1956(昭和31)年に「公立養護学校整備特別措置法」が制定され,養護学校義務化へと進んでいきました。

　同年に,肢体不自由児を対象とした公立の養護学校として,大阪府立養護学校・愛知県立養護学校が設立。知的障害者を対象とした公立の養護学校として,東京都立青鳥養護学校が設立されました(1947年創立,1957年に改称)。

　ただし,重度・重複のある児童生徒については,そのほとんどが就学猶予・免除の対象となっていました。

　その後,1978(昭和53)年には「教育上特別な取り扱いを要する児童・生徒の教育措置について」が制定され,1979(昭和54)年には「学校教育法中養護学校における就学義務及び養護学校の設置義務に関する部分の施行期日を定める政令」が施行され,養護学校教育が義務教育制になることが確定しました。

　このように,盲学校・聾学校・養護学校の義務制が実施され,障害のある児童生徒の就学保障がなされるなかで,日本における障害児教育が「特殊教育」として始まったことになります。

❷. 特殊教育から特別支援教育へ

　日本の障害児教育が特殊教育として義務化された1970年代から,アメリカ合衆国では障害者の権利運動が盛んになりました。

　同時期に,国連総会では1971(昭和46)年に「精神薄弱者の権利に関する

宣言」が採択され，1975（昭和50）年に「障害者の権利に関する宣言」が採択されました。さらに，両宣言の実現をめざして，1981（昭和56）年を「国際障害者年」としました。

このように，世界では，ノーマライゼーション，つまり「障害のある人がほかの人々と等しく社会参加できる環境を整備していこうとする理念や運動」が活発になっていました。

1989（平成元）年には，国連総会で採択された「子どもの権利に関する条約」において，障害のある児童生徒に対する教育等の機会の保障が示されました。

また1993（平成5）年には，「障害者の機会均等に関する標準規則」が国連総会で採択されました。

同年にわが国では，「学校教育法施行規則の一部を改正する省令」が交付され，通級による指導が開始されました。これにより，比較的障害の軽い児童生徒は，通常学級に在籍しながら特別な指導を受けることが可能になりました。

2001（平成13）年には，21世紀の特殊教育の在り方に関する調査研究協力者会議より，「21世紀の特殊教育の在り方について〜一人一人のニーズに応じた特別な支援の在り方について（最終報告）」が提出され，通常学級に在籍する特別な教育的支援を必要とする児童生徒への対応を積極的に行うことが記されました。

さらに2003（平成15）年には，特別支援教育の推進に関する調査研究協力者会議より，「今後の特別支援教育の在り方について（最終報告）」が提出されました。このなかには，従来の特殊教育から，一人一人のニーズに応じた適切な指導および必要な支援を行う特別支援教育への転換を図ることが，明記されました。

2005（平成17）年には中央教育審議会より，「特別支援教育を推進するための制度の在り方について（答申）」が提出され，「学校教育法施行規則の一部を改正する省令」による通級による指導の制度の弾力化（2006年）と，特別支援教育の開始（2007年）が決定されました。

通級制度の弾力化では，1993（平成5）年の通級制度開始時には対象となっていなかった学習障害（LD），注意欠陥多動性障害（ADHD）が加えられ，自閉症についても情緒障害から独立して通級制度の対象となることが決定しました。

❸. インクルーシブ教育へ向けて

　わが国でノーマライゼーション理念が取り入れられた時期に，世界では新たな理念であるインクルーシブ理念が提唱され始めました。

　1994（平成6）年に，ユネスコ国際会議においてインクルーシブ教育（障害の有無にかかわらず，できるだけ同じ場で共に学び育つことをめざすもの）に関する記載を含む「サラマンカ宣言」が提唱されました。

　国際連合においては，2006（平成18）年に「障害者の権利に関する条約」が採択されました（日本は2014年に批准）。この条約は障害者の人権や基本的自由の享有を確保し，障害者の固有の尊厳の尊重を促進することを目的とし，障害者の権利を実現するための措置等を規定しています。

　文部科学省においては，2010（平成22）年に「特別支援教育の在り方に関する特別委員会」が開かれ，インクルーシブ教育理念の方向性が示されました。

　2012（平成24）年の「共生社会の形成に向けたインクルーシブ教育システム構築のための特別支援教育の推進（報告）」のなかでは，共生社会の形成に向けたインクルーシブ教育システムの重要性とその構築のために，特別支援教育を着実に進めていく必要性を述べています。今後の進め方として，就学相談・就学先決定のあり方の検討，障害のある児童生徒が十分に教育を受けられるための合理的配慮およびその基礎となる環境整備，多様な学びの場の整備と学校間連携の推進，特別支援教育を充実させるための教職員の専門性向上などが指摘されています。

　福祉分野でもさまざまな法律が制定されています。

　2004（平成16）年には「発達障害者支援法」が立法化，2005（平成17）年に施行されました。

　2010（平成22）年には，発達障害が「障害者自立支援法」（※2013年より「障害者総合支援法」）に明確化されました。2013（平成25）年には，「障害を理由とする差別の解消の推進に関する法律」が立法化され，2016（平成28）年に施行されました。これにより，障害者に対する差別の禁止はもちろん，特に「合理的配慮不提供の禁止」も努力義務となりました。

　インクルーシブ教育システムの構築のためには，条件を整備したり，教育プログラムを開発したりと，さまざまな取り組みが必要となります。

特別な指導の場と指導内容
2-1. 障害のある子どもの 教育の場とは

❶. 特別支援学校

障害のある子どもの教育の場の一つに，特別支援学校があります。

特別支援学校は，「視覚障害者，聴覚障害者，知的障害者，肢体不自由者又は病弱者（身体虚弱者を含む）に対して，幼稚園，小学校，中学校又は高等学校に準ずる教育を施すとともに，障害による学習上又は生活上の困難を克服し自立を図るために必要な知識技能を授けることを目的」としています（学校教育法第 72 条）。

上記の「準ずる教育を施す」とは，幼児児童生徒の障害の状況を考慮して，幼稚園，小学校，中学校または高等学校における教育目標の達成に努める教育を行うことを意味しています。また，「障害による学習上または生活上の困難を克服し，自立を図るために必要な知識技能を授ける」とは，幼稚部，小学部，中学部，高等部の教育課程において，「自立活動」という指導領域が編成・実施されることなどを示しています（自立活動については 16 ページ参照）。

2007（平成 19）年に特別支援教育がスタートして，従来の養護学校である特別支援学校の制度が変わり，一つの特別支援学校において，複数の障害種に対する教育を行うことが可能になりました。つまり，聴覚障害と知的障害をあわせもつ場合などを教育の対象とする学校設置が可能になったのです。

特別支援学校は，地域の幼稚園，小・中学校，高等学校に在籍する幼児児童生徒の教育に関する助言・支援，いわゆる「センター的機能」を担います。通常学級に在籍する発達障害などの子どもたちに，地域や学校で総合的で全体的な配慮と支援をしていくための中核的な役割も果たすのです。

また，特別支援学校における学校行事や一部の教科において，だれもが相互に人格と個性を尊重し合える共生社会を実現するために，障害のない子どもや地域社会の人々とふれあい，活動を共にする，「交流及び共同学習」の機会が設けられています。

❷．特別支援学級

　特別支援学級は，障害の種別ごとに置かれる少人数の学級であり，生活や学習上の困難を改善または克服するため，適切な指導および必要な支援を行うものです。

　小学校，中学校，高等学校などには，次のいずれかに該当する児童生徒のために，特別支援学級を置くことができるとしています。

　「一　知的障害者，二　肢体不自由者，三　身体虚弱者，四　弱視者，五　難聴者，六　その他障害のある者で，特別支援学級において教育を行うことが適当なもの」（学校教育法第 81 条）。

　「障害のある児童生徒に対する早期からの一貫した支援について（通知）」（文部科学省，2013）には，障害の状態，教育上必要な支援の内容，地域における教育の体制の整備状況等を勘案して，特別支援学級で教育を受けることが適当と認める者を対象とする旨が示されています。

❸．訪問教育と院内学級

　障害の状態が重度または重複しており，特別支援学校に通学して教育を受けることが困難な児童生徒に対し，特別支援学校の教員が家庭，児童福祉施設，医療機関等を訪問して行う教育を訪問教育といいます。

　入院中の児童生徒に対する教育は，病院に特別支援学校の教員を派遣して行われる訪問教育と院内学級があります。

　院内学級は，正式に定義された用語ではありませんが，一般的には入院中の児童生徒に対して教育を行うために病院内に設置された，小・中学校の特別支援学級や特別支援学校の学級のことです。

　病院内で行われる教育は，児童生徒の病気の状態や病院の実情等に応じて，さまざまな指導形態がとられています。

❹．通級による指導（通級指導教室）

　通級による指導は，小学校，中学校などの通常学級に在籍している，障害のある児童生徒を対象に行われるものです（高等学校は 2018 年導入に向け準備中）。通級による指導に関しては，次節で詳しく述べます。

特別な指導の場と指導内容

2-2. 通級による指導とは

❶.「通級による指導」の規定および形態

　小・中学校の通常学級に在籍する障害のある児童生徒に対して，障害による学習および生活上の困難を改善するために「通級による指導」が行われる場合があり，学校教育法施行規則第140条によって以下のように規定されています。

　「小学校若しくは中学校又は中等教育学校の前期課程において，次の各号のいずれかに該当する児童又は生徒（特別支援学級の児童及び生徒を除く。）のうち該当障害に応じた特別の指導を行う必要があるものを教育する場合には，文部科学大臣が別に定めるところにより，第50条第1項，第51条及び第52条の規定並びに第72条から第74条までの規定にかかわらず，特別の教育課程によることができる。一 言語障害者，二 自閉症者，三 情緒障害者，四 弱視者，五 難聴者，六 学習障害者，七 注意欠陥多動性障害者，八 その他障害のある者で，この条の規定により特別の課程による教育を行うことが適当なもの」

　上記規定に定められた障害のある児童生徒は，必要に応じてそれぞれのもつ困難や課題に応じた指導を，通級指導教室において受けることができます。

　通級による指導の形態には，以下の三つがあります。

> ①**自校通級**──在籍校に設置された通級指導教室に通級する。
> ②**他校通級**──通級指導教室が設置された他校に通級する。
> ③**巡回による通級**──通級指導教室の担当者が他校に出向いて指導する。

　なお，他校において受けた授業については，学校教育法施行規則第141条で規定され，在籍校の教育課程で受けた授業とみなすことができます。

　通級による指導は，1993（平成5）年に制度化されました（高等学校も2018年導入に向け準備中）。2006（平成18）年には，通級の対象として，自閉症者が情緒障害者から独立して定められるとともに，学習障害者，注意欠陥多動性障害者が加えられ，より広く児童生徒の困難や課題に対応可能となりました。

❷. 「通級による指導」のねらいと時間数

　通級による指導は，通常の学級に在籍している障害のある児童生徒に対して，大部分の授業を通常の学級で行いながら，一部，障害に応じた特別の指導を通級指導教室で行うものです。そのため，児童生徒の困難や課題に応じた特別な教育課程が編成されます。指導内容は，障害による学習上または生活上の困難を改善するための指導が主になります。

　通級による指導の標準時間数は，各教科，道徳などと自立活動をあわせて，年 35 単位時間から 280 単位時間とされています。ただし，学習障害（LD）や注意欠陥多動性障害（ADHD）がある児童生徒の場合は，下限を年 10 単位時間から 280 単位時間までを標準とする，とされています（文部科学省，2006）。これらの障害においては，通級による指導が月 1 単位時間（年 10 単位時間）程度でも指導の効果が期待できる場合があることから定められたものです。

❸. 「通級による指導」における自立活動と各教科の補充指導

　自立活動は，「特別支援学校小学部・中学部学習指導要領第 7 章に示す自立活動の内容を参考とし，具体的な目標や内容を定め，指導を行うものとする。その際，効果的な指導が行われるよう，各教科等と通級による指導との関連を図るなど，教師間の連携に努めるものとする」と明記されています（文部科学省，2017）。

　自立活動の内容には，特別支援学校小学部・中学部学習指導要領に準じて，①健康の保持，②心理的な安定，③人間関係の形成，④環境の把握，⑤身体の動き，⑥コミュニケーションがあります。

　上記項目すべてについて計画を設定する必要はなく，児童生徒の困難や課題に応じて項目を選定し，個別の指導計画を作成します（自立活動の実際は，次ページを参照）。

　通級による指導では，必要に応じて各教科の内容を補充するための指導を行うことができます。授業における学習の遅れを補充するという意味ではなく，認知機能や運動機能の障害など，障害による学習上の困難を改善するために行われるものです。

　例えば，LD や ADHD などの困難をもつ場合は，注意の持続や視機能・視知覚の改善，粗大運動や微細運動を通して不器用さの改善などを行います。

特別な指導の場と指導内容

2-3. 自立活動とは

❶. 自立活動の目標と内容

　特別支援学校小学部・中学部学習指導要領の第7章に，自立活動の目標は，「個々の児童又は生徒が自立を目指し，障害による学習上又は生活上の困難を主体的に改善・克服するために必要な知識，技能，態度及び習慣を養い，もって心身の調和的発達の基盤を培う」と示されています。内容は，①健康の保持，②心理的な安定，③人間関係の形成，④環境の把握，⑤身体の動き，⑥コミュニケーションの六つに区分され，さらに細かく26項目が設定されています。

　通常の小・中学校に在籍する障害のある児童生徒が，通級による指導を受ける場合も，特別支援学校小学部・中学部学習指導要領を参考とし，特別の教育課程を編成することができます。「障害による学習上又は生活上の困難の改善・克服」を目的に，上記の「自立活動」の内容を取り入れるなどして，個々の障害に応じた具体的な目標や内容を定め，学習活動を行います。

❷. 障害のある子どもの指導計画

　障害のある子どもの指導計画は，おおむね次の手順によります。

> ①**実態の把握**——個々の児童生徒の障害の状態や発達の段階等の実態を的確に把握する。
>
> ②**指導目標の設定**——実態把握に基づいて指導目標を明確に定める。
>
> ③**指導内容の設定**——指導目標を達成するために必要な指導内容を段階的に取り上げる。

　自立活動は，各教科，道徳，外国語，総合的な学習の時間，特別活動の指導と密接な関連を保つようにして，計画的・組織的に行います。指導は障害についての専門的な知識や技能をもつ教員を中心に，全教員の協力のもと，学習が効果的に行われるようにします。

❸. 通級による指導を受ける子どもの指導例（中学生Ａくんのケース）

前述の指導計画の手順にそって，具体例をあげて説明します。

Ａくんは，小学校5年生のときにアスペルガー症候群と診断され，中学校でも通常学級に進学しました。友達と会話しているときには，自ら話すことはほとんどなく，いつもニコニコしていました。

学習場面では，教員の質問に対して，すべて「はい」と答えていました。ノートをとることが苦手で時間がかかりましたが，数学では基本的な計算練習が得意で，学級内で一番早く終えていました。

Ａくんの苦手なことは授業プリントの整理ができないことで，机やロッカーの中はプリント類であふれていました。さらに，自分がどうすればよいかわからない場面が続くと，顔が紅潮していらだつことがありました。

①実態の把握

学級担任，教科担当，教育相談担当，特別支援コーディネーターが集まって，Ａくんや各教科担当者の困っていること，支援の手がかりになりそうなことを話し合いました。「聞く力の弱さ」「状況を理解する力の弱さ」「困った場面での混乱」等が確認されました。

②指導目標の設定

「聞き取りの力を高める」「いらだったときに，それを教員に伝える」「わからないことを教員や友人に質問できる」の三つを目標として設定しました。

③指導内容の設定

聞き取る力を高めるために，朝のホームルームで「短いメモをとる練習」，特別活動で「しりとり」，通級の時間（自立活動）で「聞き取りワーク」等を行いました。

いらだったときの対応としては，Ａくんと合図を決めておき，教員に合図してから廊下に出るように練習しました。その合図は授業担当者に周知しました。

ノートをとるのが苦手なＡくん用に，授業担当者が穴埋め式のワークシートを用意し，重要語等を本人が書き込むようにしました。板書は1面にまとめ，授業の終わりにカメラで撮影し，ノートに写真を貼るようにしました。

苦手な整理整とんに関しては，掃除時間のはじめに，身の回りの整理の時間を設け，プリント整理用カゴに入れるようにし，通級の時間（自立活動）で教科ごとに分けてファイルに入れるように練習しました。

特別支援教育の組織体制

3-1. 学校に求められるシステム

❶. 校内体制の必要性

　障害のある子どもと障害のない子どもが共に学んでいくためには，校内の教職員間の連携をはじめ，校外の人材や専門家との連携，保護者への支援等を含むシステムづくりがとても重要になります。

　具体的な校内体制としては，以下の4点が求められています。

①校内委員会を設置して，校内全体で子どもを支援する体制を整備する。

②特別支援教育コーディネーターを指名し，校内の教職員や，校外の専門家・関係機関との連絡調整にあたる仕組みを整備する。

③学級担任だけでなく，同学年の担当教員，専科担当教員，その他ティームティーチング担当教員，少人数指導担当教員等，学校内外の人材を活用して，個別や小集団での指導体制を整備する。

④巡回相談員，特別支援学校の教員など支援について専門知識を有する教員，スクールカウンセラー等心理学の専門家等による支援体制を整備する。

❷. 校内委員会の設置

　校内委員会には，以下の七つの役割があります。

①学習面や行動面で特別な教育的支援が必要な児童生徒に早期に気づく。

②特別な教育的支援が必要な児童生徒の実態把握を行い，学級担任の子どもへの指導方法を支援する。

③保護者や関係機関と連携して，特別な教育的支援を必要とする児童生徒に対する個別の教育支援計画（40ページ参照）を作成する。

④校内関係者と連携して，特別な教育的支援を必要とする児童生徒に対する個別の指導計画（40ページ参照）を作成する。

⑤特別な教育的支援が必要な児童生徒への指導とその保護者との連携につい

て，校内の共通理解を図る。また，そのための研修を推進する。

⑥専門家チームに助言を求めるかどうかを検討する。学習障害（LD），注意欠陥多動性障害（ADHD），高機能自閉症などの判断は教員が行うものではないことに十分注意すること。

⑦保護者相談の窓口となるとともに，関係者の理解推進の中心となる。

　このように，校内委員会には，支援を具体的に実現するシステムを運営していく役割が求められています。

❸．特別支援教育コーディネーターの役割

　特別支援教育コーディネーターは，以下の役割を担います。

　①校内委員会のための情報の収集・準備，②担任への支援，③校内研修の企画・運営，④関係機関の情報収集・整理，⑤専門機関等へ相談をする際の情報収集と連絡調整，⑥専門家チーム・巡回相談員との連携，⑦保護者に対する相談窓口。以上の役割遂行のために，特別支援コーディネーターの役割を校務分掌として位置づけることが求められます。

　特別支援教育コーディネーターには，特別支援学校や外部の専門家との連携や，校内の教職員の連携による支援を実現する力量が求められるため，各学校の実態に応じて，教頭，養護教諭，教務主任，生徒指導主任，教育相談主任，通級指導教室担当者などが担う場合があります。

❹．個別や小集団での指導体制と専門家による支援体制の整備

　特別支援教育では，担任だけでなく，校内の教職員が連携して，困難や課題をもつ児童生徒への支援を実現することが大切です。

　そのためには，支援にあたる教職員が該当の児童生徒について共通理解をすることや，障害特性や支援の方法について共通認識をもつことが必要となります。校内研修を行うなど，教職員全体で支援についての理解を共有することが重要です。

　専門家による支援体制の構築では，だれからどのような支援を受けることができるのか，専門家がもつ専門性についての理解が求められます。管理職，特別支援教育コーディネーターを中心として，連携する専門機関，専門家についての理解を深めることが大切です。

基礎編

特別支援教育の組織体制

3-2. 家庭や専門機関との連携

❶. 特別支援教育における連携の必要性

　特別支援教育では，障害のある子どもの発達状況や行動特性などを理解したうえで，具体的な教育的支援について検討する必要があります。

　しかし，支援を行う教員が，子どもに関する情報や特別支援教育に関する専門的な知識を十分にもっているとはかぎりません。保護者も，子どもの対応に苦慮している場合や，子どもの障害を受容できない場合もあります。

　そこで重要になるのが，家庭や関係機関との連携です。関係機関との連携については，2003（平成15）年に文部科学省が「今後の特別支援教育の在り方について（最終報告）」を取りまとめ，関係機関の有機的な連携と協力の必要性や個別の教育支援計画の作成などを提言しました。

　障害のある子どもに対する円滑で効果的な支援につなげるためにも，学校，家庭，関係機関が連携し，子どもの教育的ニーズと支援のあり方について共通理解を深めていく必要があります。

❷. 家庭との連携

　障害のある子どもの成長を促し，生活をよりよくするためには，子どもの生活の基盤となる家庭と学校との連携がとても重要になります。

　特に，障害のある子どもをもつ保護者は，さまざまな悩みやストレスを抱えている場合が多いものです。子どもの障害だけではなく，そこから生じる他者とのかかわり，周囲の理解，協力体制に関する問題など，保護者の悩みは多岐にわたります。教育的支援を行う教員は，このような保護者の気持ちに対して理解を示し，共感的にかかわる必要があります。

　保護者に子どもの問題点だけを伝えるのではなく，子どものがんばりや成長している点も伝え，信頼関係を築きながら，互いに協力し合って子どもの対応を考えていくことが円滑な連携につながります。

　保護者にとって子どもの障害の受容は簡単なものではないため，子どもを肯定的に受け入れられない場合もあります。そこで，保護者が子どものよいところに目を向けられるようなかかわりをすることも，支援を行う教員の役割になります。

❸．学校間の連携

　障害のある子どもに対する長期的で円滑な支援を行うためには，幼稚園・保育園，小学校，中学校，高等学校で情報交換を行うなど，学校種を越えた連携が必要になります。

　また，特別支援学校は，地域の学校への特別支援教育に関する相談および情報提供や障害のある子どもに対する指導・支援機能などのセンター的機能をもっています。効果的な指導のためにも，特別支援学校との連携が必要になってきます。

　特に，幼稚園・保育園，高等学校に関しては，体制整備の課題が指摘されており（中央教育審議会，2012），幼稚園・保育園への早期支援や就学相談，および高等学校での入学者選抜に対する配慮や障害のある子どもに対する支援の充実が求められています。

　また，今後，インクルーシブ教育システムの構築を進めていくうえでは，周囲の障害理解を進めるためにも，子どもたち同士の交流や共同学習の充実を図ることが大切になります。

　さらに，子どものニーズに応じて通常学級，通級による指導，特別支援学級，特別支援学校といった，連続性のある多様な学び場の設定も求められているため，学校間の連携はより重要になっていきます。

　校長のリーダーシップのもと，校内支援チームを組織して，特別支援コーディネーターや教育相談担当者を中心としながら，学校間の連携をとっていきます。

　学校間での連携を円滑に進めるためには，個別の教育支援計画・個別の指導計画を作成し，それらを確実に引き継いでいくことで，目標や支援方針についての情報を共有していくことが大切になります（40 ページ参照）。学校間の連携がうまくいかないことが，子どもにとって大きな失敗体験とならないように，関係者には十分な配慮が求められます。

❹．関係機関との連携

　障害のある子どもへの効果的な支援のためには，関係機関（次ページの図参照）との連携は欠かすことができません。

　まず，特別支援コーディネーターなどが中心となって，校内委員会で，あらかじめ特別支援にかかわる相談機関を地域からリストアップし，どのような相談ができるのかなど，状況を収集しておく必要があります。

　また，支援の対象となる子どもがいままでどのような機関とかかわってきたのか，といった情報も把握しておきます。

　そのうえで，以下のような流れで関係機関との連携を進めていきます。

---

①連携の必要性および連携先について検討する

　校内委員会で，子どものアセスメントを進め，連携の必要性やどの機関と連携していくかについて話し合う。

②保護者からの同意を得て，情報を収集する

　関係機関と連携を進める場合，その目的や提供する情報について，あらかじめ保護者と共有しておくことが望ましい。円滑な連携を進めるためには，保護者からも子どもに関する情報を集めておく。

③関係機関と連携を進める

　関係機関と連携を進める場合，子どもに関する情報とこれまでの対応について整理して伝えたうえで，これからの対応等について話し合う。互いに連絡・報告を続けながら，連携して対応を進めていく。

---

❺．連携を進めるうえでの留意点

　関係機関との連携を進めるうえでの留意点を三つあげます。

　一つめは，保護者の心情に配慮することです。

　子どもの成長をいちばんに心配し，責任を感じているのは保護者です。保護者との信頼関係を基盤に，保護者の心情に配慮して，関係機関との連携を進めていく必要があります。

　保護者によっては子どもの障害を受容できていない場合もあります。関係機関と連携する際は，なぜ関係機関との連携が必要なのか，目的をわかりやすく伝えるように心がけます。その際，その子どものよい点や伸ばしたい点なども

伝え，子どものよりよい成長のために行うものであることを説明し，関係機関との連携がそれに役立つことを伝えます。

　留意点の二つめは，関係機関との連携の目的と，支援に対する反応や結果についても，保護者と共有することです。

　連携を進めていくなかでは，互いの意見が合わなかったり，時間や場所，費用など物理的な問題も生じたりして，支援がうまくいかなくなることも十分に考えられます。そこで連携の目的と互いの立場をはっきりさせたうえで，子どもへの支援の結果を家庭や関係機関と共有し，どのように支援していくのがよいのかを繰り返し検討・修正していく必要があります。

　留意点の三つめは，個人情報の扱いについてです。

　関係機関との連携では，子どもの個人情報の提供が必要になります。住所や診断の結果など，個人情報の取り扱い・運用・管理に関しては，十分に留意する必要があります。なお，学校外への個人情報の提供にあたっては，基本的に保護者の了解を得る必要があります。

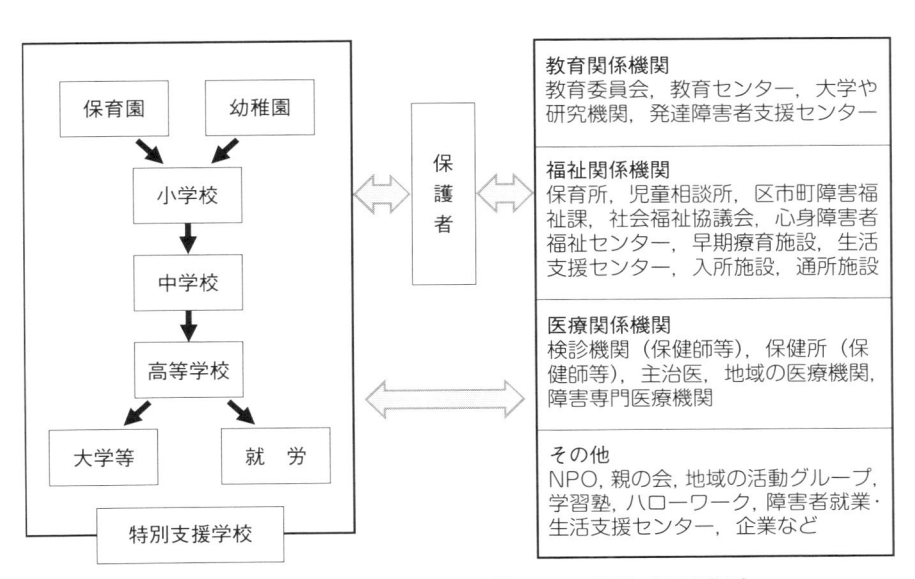

図　特別支援教育におけるタテの連携とヨコの連携（関係機関）

4. 障害の理解と対応

❶. 特別支援教育の対象となるおもな障害

　特別支援教育の対象とされる子どもたちは以下のような障害を抱えています。障害の状態，教育的ニーズ，本人・保護者の意見，専門的見地からの意見，学校や地域の状況等を踏まえた総合的な観点から，就学先として，特別支援学校，特別支援学級，通級による指導，通常学級のいずれかが選択されます。

- **肢体不自由**——身体の動きに関する器官が，病気やけがで損なわれ，歩行や筆記などの日常生活動作が困難な状態。
- **病弱・身体虚弱**——病弱は，慢性疾患等のため継続して医療や生活規制を必要とする状態。身体虚弱は，病気にかかりやすいため継続して生活規制を必要とする状態。
- **視覚障害**——視力や視野などの視機能が十分でないために，まったく見えなかったり，見えにくかったりする状態。
- **聴覚障害**——身の回りの音や話し言葉が聞こえにくい，あるいはほとんど聞こえない状態。
- **知的障害**——記憶，推理，判断などの知的機能の発達に有意な遅れがみられ，社会生活などへの適応がむずかしい状態。
- **言語障害**——発音が不明瞭であったり，話し言葉のリズムがスムーズでなかったりするため，コミュニケーションが円滑に進まない。また，そのため本人が引け目を感じるなど社会生活上不都合な状態。
- **情緒障害**——情緒の現れ方に偏りや激しさがみられ，自分の意思では調整できないことが継続し，学校・社会生活に支障となる状態。自閉症・情緒障害特別支援学級，自閉症・情緒障害通級指導教室は，発達障害である自閉症などと心因性の選択性かん黙などのある子どもが対象。
- **学習障害（LD），注意欠陥多動性障害（ADHD）**——通常の学級の中で十分な配慮を行ったうえ，必要であれば通級による指導を行うことが可能。

24

❷．発達障害の特徴

　他の障害とされるものと比べると，発達障害にはいくつか特徴があります。

・対象者が多い

　児童生徒の総数は年々減少しているにもかかわらず，特別支援教育を受ける児童生徒の数は増え続けています。特に増えているのは発達障害の児童生徒で，数の上からすればもはや特別な存在とはいえません。

　ただし，発達障害のある子どもたちが実際に増えているかどうかは諸説あり，①発達障害に対する理解が促進されて発見されやすくなった，②環境ホルモンなどが要因となって実際に増加している，③家庭の養育環境の悪化が刺激となって症状が強く出ている，など研究者の間でも見解の分かれるところで，真実を知るには今後の研究成果を待たねばなりません。ただ，教育的に対応しなければならない数は確実に増えているということです。

・みえにくい

　発達障害のある子どもは，一見すると問題はないようにみえることが多いため，ほんとうはうまくいかなくて苦しんでいるにもかかわらず，周囲からは「怠けている」「わざとやっている」「反抗的である」などとの誤解を受けやすく，支援の開始が遅くなることもあります。子どもが抱えている困難さを周囲が理解して，適切に対応しきれていないために，本来抱えている困難さとは別の二次障害（34ページ参照）も引き起こされていきます。二次障害は，発達障害のある子どもたちにとって最も大きな課題となります。

・健常と障害の境界は明確ではない

　健常と障害を明確に分けることは困難です。発達障害かどうかの境目はなく，すべての人間の中に発達障害による特性は存在しているという考え方があります。また，障害の社会モデルの考え方では，その人のもっている特性そのものが障害なのではなく，特性が社会的に困難さをもつことにつながるならば支援の対象になると考え，必要な支援をしていくのだとしています。

　この考え方によれば，もはや診断の有無は関係ありません。教育がすべきことは，すべての子どもたちの支援ニーズの把握と適切な対応ということになります。

・症状が環境に左右される

　発達障害の経過をみていくと，落ち着いている時期と不安定になる時期があ

ります。例えば，学級担任が交代すると落ち着かなくなることもあるし，逆に見違えるように落ち着くこともあります。また，所属学級の状態が親和的で受容的であれば，症状が弱く小さくなり穏やかになっていくケースも多くみられます。子どもの置かれる環境や周囲の対応の仕方によって，外見上の症状は大きく変化します。

この特徴から，環境を調整することは，発達障害への対応を考えるときの重要な視点となります。

・併存することが多い

発達障害は，一つが単独で存在するのではなく，多くは重複して存在します。自閉スペクトラム症（ASD）の子どもに，注意欠陥多動性障害（ADHD），学習障害（LD）が重なっていることは珍しくありません。知的障害，発達性協調運動障害，チック障害などが併存していることもあります。また，発達障害以外の二次的な障害が併発しているケースは，とても多いものです。

一人一人の発達障害者はこれらが重なり合った存在であり，定義にそのままあてはまるような典型は少なく，10人いれば10人それぞれ症状の現れ方は異なるので，個別のアセスメントをていねいにしていく必要があります。

・虐待，いじめ，不登校と発達障害との関連

発達障害のある子どもは虐待の対象になりやすいといわれます。多くは幼児期から養育に手がかかり，保護者のいらだちや無力感，疲労感が蓄積していくこともあるため，虐待を受けるリスクは高くなります。保護者の子育てを積極的に支援することは，虐待の発生を予防する強力な対策になります。

また，発達障害の目立つ行動特性は，いじめやからかいの対象になりやすく，対象になった子どもの心は深く傷つき，周囲に対する不信感と自分に対する失望感を強めていくことになります。このことが子どもの将来に長期的な悪影響を及ぼすともいわれています。いっぽう，衝動を抑制することができない特性に自尊感情の低下が伴うことにより，発達障害のある子どもたちがいじめの加害者側になるリスクもあります。

不登校との関連も指摘されています。発達障害のある子どもたちは，納得できないと先に進めない，集団行動に困難がある，学校という場で与えられる刺激に過剰に反応してしまうなどの行動特性があるため，学校生活がストレスとなる程度が，健常の子どもより高くなる可能性があります。高ストレスの場に

対する反応として不登校にいたるのではないかといわれています。

　ひきこもり，ネット・ゲーム依存，非行問題等と発達障害の関連も指摘されています。原因のすべてを発達障害に求めることはできませんが，子どもを巡るさまざまな問題の背景に発達障害がある可能性を考慮することは必要です。

　以下に，発達障害のなかから，LD，ASD，ADHD について順に詳述します。

❸. 学習障害 (LD)

　学習障害（LD）は，原則的には通常学級が教育の場になりますが，通級による指導も認められています。文部省（現文部科学省）は，「学習障害とは，基本的には全般的な知的発達に遅れはないが，聞く，話す，読む，書く，計算する又は推論する能力のうち特定のものの習得と使用に著しい困難を示す様々な状態を指すものである。学習障害は，その原因として，中枢神経系に何らかの機能障害があると推定されるが，視覚障害，聴覚障害，知的障害，情緒障害などの障害や，環境的な要因が直接の原因となるものではない」と説明しています（文部省，1999）。つまり，ある特定の課題の習得だけが他に比べてうまくいかない状態を指します。

　学習障害の代表的な症状は，以下の三つです。

---

①**読字障害（ディスレクシア）**——形の似た字である「わ」と「ね」，「シ」と「ツ」などを理解できない，拗音などを認識できない，どこを読んでいるのかわからなくなる，飛ばし読みや適当読みをするなど，文字や文章を読むことに困難がある。

②**書字障害（ディスグラフィア）**——鏡文字や勝手な文字を書く，誤字脱字や書き順の間違いが多い，黒板の字が書き写せない，漢字が覚えられない，文字の形や大きさがバラバラでマス目からはみ出すなど，文字を書く・文章を綴ることに困難がある。

③**算数障害（ディスカリキュア）**——簡単な数字や記号でも理解が困難，繰り上げ・繰り下げができない，数の大小がよくわからない，図形やグラフが苦手等，文章題を解くことに困難がある。

　読みの障害は書字の障害にも影響することになり，これらが混ざり合った学習の障害が存在します。

また，障害の分類としては認められていませんが，国語には問題がないのに英語はできない，計算は解けるのに図形はまったくわからない，地図がまったく読めないといった子どもたちも存在します。さらに，いわば運動の学習障害といえる「協調運動の障害」を学習障害に加えることもあります。

　要するに，全般的な知能には大きな遅れがないのに，他の教科に比べて著しく習得が遅れる状態があれば，学習障害を疑うことになります。推論がむずかしい，聞いたことを覚えていられないなど，問題がいくつかにまたがる場合もあります。

　医学的な LD 概念では，学習障害には何らかの脳機能の障害が想定されてはいますが，現在のところ有効な医学的治療法は見つかっていません。現実的な解決策としては，習得が困難な場面を特定し，その部分に負担をかけない適応のかたちを見つけていくことが，教育的対応として有効になります。

　教員が「この子は学習障害があるのだから勉強ができなくても仕方がない」という結論では，子どもが自立して生きていくための助けにはなりません。例えば，不得意な学習の方略を，不得意ではない他の方略で補う努力が有効な場合があります。漢字を書くことが苦手な場合，漢字を部首に分解したり，絵カードを手がかりにしたり，絵かき歌のようにリズムに合わせて覚えていくことなど，その子にとって学んでいきやすい方法を試行錯誤して見つけていくことが大切です。

　負担軽減の配慮が有効な場合もあります。読字障害に対して試験問題を音読する，書字障害に対して代筆するといった支援や，道具の使用を認める場合です。情報機器（50 ページ参照）の発達により，書字や計算は，かなり機器に肩代わりしてもらうことができるようになりました。ただし，子ども自身で自分に合う方法を見つけ出すのはむずかしいため，有効な支援ツールを見つけるには，周囲からの支援を必要とします。

❹．自閉スペクトラム症（ASD）（高機能自閉症・アスペルガー症候群など）

　文部科学省は，「高機能自閉症とは，３歳位までに現れ，①他人との社会的関係の形成の困難さ，②言葉の発達の遅れ，③興味や関心が狭く特定のものにこだわることを特徴とする行動の障害である自閉症のうち，知的発達の遅れを伴わないものをいう。また，中枢神経系に何らかの要因による機能不全がある

と推定される。アスペルガー症候群とは，知的発達の遅れを伴わず，かつ，自閉症の特徴のうち言葉の発達の遅れを伴わないものである。なお，高機能自閉症やアスペルガー症候群は，広汎性発達障害に分類されるものである」と説明しています（文部科学省，2003）。

　これまで，典型的な自閉症と，上記のようにその特徴が部分的にみられる場合を総称して，「広汎性発達障害」と呼んでいました。「自閉症の典型」とは，イギリスの児童精神科医ローナ・ウィングが自閉症の中核症状として定義した「ウィングの三つ組」と呼ばれる以下の三つの特徴的な障害をもっていることです。

---

①対人関係の障害（社会性の障害）
②コミュニケーションの障害（言語機能の発達障害）
③想像力の障害（こだわり行動と興味の偏り，固執性）

　その後，ウィングによって提唱された自閉症（Autism）に基づく三つの特徴は，これら三つの特徴が明らかに揃ってみられる場合だけでなく，濃淡をもった症状として個々に現れ，うまく社会に適応できる者からそれがむずかしい者まで，知的に高い者から低い者まで，多様なパターンを連続的に含んだ複合体であるというとらえ方がされるようになり，近年は「自閉症スペクトラム」という概念が用いられるようになりました。最新版の米国精神医学会の診断基準「DSM-5」でも，広汎性発達障害に代わって，自閉スペクトラム症（ASD：Autism Spectrum Disorder）の診断名を採用，アスペルガー障害（症候群）などの名称は削除されています。

　ASDの子どもたちにとっての最大の困難は，集団への適応です。幼児期は問題がさほど大きくなくても，小学校入学後，集団生活が始まってからさまざまな問題が浮上します。集団活動に入ることができない，集団活動に入っても場にそぐわない言動をして周囲とうまくいかないといった場面が多くみられるようになります。

　しかし，故意にしているわけではないので，叱っても無理強いしてもうまくいかないばかりか，教員の不適切な対応が子どもの心に大きな傷を負わせることもあります。集団に適応できるようになってほしいという願いはもち続けながらも，その子に合った目標を立てることが必要です。

ASD の特性の一つに，「自分が納得する」ことがその子にとって大きな価値をもっていることがあげられます。自分の損得，他人への思いやり，他からの評価，社会のルールなどよりも，「自分が納得する」ことに，より大きな比重がおかれます。このため，なかなか折り合いをつけられません。

　こうした特性を一度受け入れたうえで，切りかえに時間的な猶予を与えたり，選択肢を用意して自分で選択させることで行動の幅を広げたりします。

　よくない言動に対しては，時間をおいて後で考えさせることや，相手の気持ち・状況から考えさせることがむずかしいので，即時にその場でスキル指導をしていくようにします。例えば，「人に向かって『くさい』とは言いません。言われた人は傷ついて，あなたのことが嫌いになるかもしれません。においが気になったときは，先生に知らせてください」というように，なぜよくないのかという理由と，とるべき行動を明確に示すことを心がけます。

　このように教育の現場には，教員が対応を重ねた結果として，「実践の知」が積み重なっています。原因はわからなくとも，対応の根拠が明確でなくとも，子どもとのかかわりのなかで正解となる対応を手探りで見つけてきたのです。同様に二次障害（34 ページ参照）の予防には，個々にマッチした介入をできるだけ早期に行うことが，子どもたちの生きやすさにつながることが経験的にわかってきました。

　多くの研究と実践の成果が物語るのは，根底にある脳機能の障害はなくなることはないにしても，本人の学習や周囲の対応によってそれを十分に乗り越えていけるということです。教育に携わる者には，障害の有無にかかわらず，人はみな発達を続けていく存在であるという認識が必要です。

❺．注意欠陥多動性障害（ADHD）

　文部科学省は，「ADHD とは，年齢あるいは発達に不釣り合いな注意力，及び／又は衝動性，多動性を特徴とする行動の障害で，社会的な活動や学業の機能に支障をきたすものである」と説明しています（文部科学省，2003）。

　ADHD は，原則的には通常学級が教育の場になりますが，社会的な活動や学業に支障をきたすので，一部特別な指導を必要とする場合には，通級による指導も認められています。

　ADHD には次のような特徴があります。

①**多動性**——著しい活動性の高さは，移動する動きだけでなく，体や手の動き，話し方や発想の活発さも多動の表れとしてとらえることもある。多動性は加齢とともに自然な経過の中で低下していく傾向がある。

②**衝動性**——集団での生活は待つことを求められる場面が多いが，衝動性の高い子どもは，定時刻まで待つことができなかったり，刺激に対しての反応を我慢できなかったりし，これがトラブルを引き起こす原因になる。周囲との関係を大切にすることが求められる学校生活の中で失敗することもあるが，しだいに衝動を抑制することを覚えていく。うまくコントロールできたときをとらえて，ほめて強化することが有効な指導になる。衝動性は学習による改善を期待できるが，度合いには個人差がある。

③**不注意**——必要な注意が払えない，注意が持続しないだけでなく，不必要なところに向かう注意を止められない場合も含む。つまり不注意とは，注意力をうまくコントロールできない状態と考えられる。この症状は，きまりある生活を身につけることのむずかしさ，同時にいくつかのことに気を配ることの困難として表れる。不注意症状は多動性や衝動性に比べて大人になってもあまり改善されず，残存しているケースが多くある。

また，ADHDは2次的な問題が大きいといわれます。注意や叱責を繰り返し受けるうちに自尊感情が低下すると，せっかく身につきはじめたセルフコントロールの努力を子どもがやめてしまいます。すると，周囲から問題視される行動が増え，適応そのものが悪化してしまうのです。周囲が，その子が傷ついていることを理解し，認められたいと思う気持ちをくむことが必要です。

ADHDへの対応として，薬物療法が行われる場合もあります。薬によって症状を抑制する時間が生まれるので，その間にいかに教育的な対応を行い，セルフコントロールできる力を育成できるかがポイントになります。

マイナスにとらえられがちなADHDの特性が，よさにつながることも多々あります。ADHDの子どもたちは，既成の枠にとらわれることが少なく，周囲の様子をよく見ていて，他人が思いつかないようなことを思いつくと黙っていられなくなります。発想のユニークさ，率直な反応，躊躇のない行動力は，状況に限定されない注意力によるものかもしれません。これらをよさとして認め，発揮できるようにすることが，子どもの発達を支えることになります。

5. 言語や貧困等の問題をもつ 子どもの理解と対応

❶. 障害以外の要因で学習不振や学校不適応になっている子どもたち

　ここでは，発達障害や軽度の知的障害などに起因するとは考えにくい要因により，学業不振や学校不適応になっている代表的なケースについて，子どもの理解と対応を考えます。障害をもつ子どもたちとは要因は異なるものの，対応の方法には，共通する部分があります。

　一つは，日本語の理解が不十分で周りの子どもとうまくコミュニケーションがとれないことから日本語指導が必要な子どもたち。もう一つは，貧困や虐待など，子どもを取り巻く環境問題から学校不適応になっている子どもたちです。

❷. 日本語指導を必要とする子どもの理解と対応

　国際化に伴い，外国籍または両親のいずれかが外国籍の子ども，海外から帰国した子どもが増えています。公立学校に在籍する外国籍の児童生徒数は，近年約7万人で推移し，そのうちの約4割（29,198人）が日本語指導を必要としており，その数は増加傾向にあります。いっぽう，日本語指導が必要な日本人の子どもは7,897人おり，こちらも増加傾向にあります（文部科学省，2016）。

　こうした子どもたちは，不慣れな生活習慣や行動様式にとまどいを覚えることもあります。また，「生活言語」である日本語の理解が不十分なことで，コミュニケーションがとりにくく，友人ができにくいことから，学校不適応に陥るケースも見受けられます。

　加速度的にグローバル化が進むなか，学校現場での国際理解教育と多様性への対応が必要となっています。

　さらに，日本語あるいは母国語の「学習言語」が確立されていない場合は，学力がつかないことなどを要因として，中学校卒業後の進路にも不安を抱えることになります。そのため，不登校，怠学，非行など，さまざまな生徒指導上の課題が表出する可能性が高くなります。

　日本語指導が必要な子どもの対応としては，日本語の補充学習を行うとともに，学校不適応にならないように，「居場所づくり」をすることが大切です。学級集団を親和的に育成することは，該当の子どもの不適応を防ぐだけでなく，周囲の子どもたちが学校生活を楽しく過ごすためにも大切になります。

　すでに不適応状態になっている場合は，その要因を言語の問題だけでなく，諸問題に目を向けることが大切です。具体的な対応策としては，子どもの母国や暮らしてきた国のアイデンティティを尊重した国際理解教育を進めることです。学級内で仲間づくりを行い，安心できる居場所を提供したうえで，日本語指導や学習指導を行うと効果的でしょう。

❸　貧困の問題や被虐待経験をもつ子どもの理解と対応

　2015（平成 27）年の厚生労働省の調査によると，「子どもの貧困率」は 13.9％となっており，前回調査（2012 年）より 2.4 ポイント減少しているものの，依然として高い比率となっています。貧困により，子どもの健康や体力，学力などさまざまな面に影響を及ぼすことが予想できます。また，貧困から，子どもへの虐待につながる事例も報告されています。

　児童虐待は，身体的虐待（殴る，蹴る等），性的虐待（子どもへの性的行為等），ネグレクト（家に閉じ込める，食事を与えない等），心理的虐待（言葉による脅しや無視等）の 4 種類に分類されます。

　貧困や虐待の影響を受けた子どもは，食習慣等の生活習慣が乱れたり，ネグレクトなどの虐待を受けたりすることで，落ち着きがなくなる多動性や，思いどおりにいかないときにパニックを起こすなど，発達障害のある子どもが示す現象と類似した行動を起こすことがあります。

　教員は，こうした子どもの行動が貧困や虐待からきている可能性にも目を向け，「子どものために何ができるか」「その行動が何によって表出しているのか」という視点での対応が求められます。このような子どもたちの行動を甘えとしてとらえ，厳しさだけで正そうとすると，反抗を強め，悪循環となります。自分は大切に扱われていないという思いが強いので，子どもの生活環境全体に注意を払い，子どもを理解することが大切です。

　同時に学校組織は，福祉機関など関連機関との連携により保護者支援や保護者への働きかけを行い，家庭環境の改善を図ることも重要です。

コラム1 | 二次障害とは何か

二次障害の二つの方向性

　発達障害などの困難さを抱える人が，周囲から特性を理解されず，否定的な評価や叱責等の不適切な対応を受け続ける場合があります。「与えられた課題の取り組みにいつも失敗する」「人とかかわると嫌なことが起こる」「つらいときにだれも助けてくれない」などの環境のなかにいると，自尊心が低下し，否定的な自己イメージをもつようになります。

　さらに，このような不適切な対応を長期間受け続けると，障害に起因する困難さとは別の二次的な情緒や行動の問題が生じてきます。これを「二次障害」といいます。

　二次障害には，二つの方向性があります。

---

①内在的な二次障害

・自信をなくし，学習意欲の低下や欠如が起こり，学習が遅れる。

・不安，気分の落ち込み，強迫症状，対人恐怖，引きこもり等を起こす。分離不安障害，社会不安障害，気分障害，強迫性障害等が生起しやすく，この状態が続くとうつ病や統合失調症を誘発する場合もある（こだわりやパニック，不注意や衝動性が高まるなど，その人の障害特性が著しく強く表れる場合もある）。

②外在的な二次障害

・反抗的・攻撃的になり，万引きや暴力などの反社会的な行動を起こす。薬物やアルコール依存に陥る場合もある。反抗挑発症／反抗挑発性障害，素行症／素行障害が知られている（36，37 ページ参照）。

　教員が子どもの二次障害に気づくのは，「不登校」や「いじめ」などの問題として表出してきたときが多いものです。

　子どもが不登校やいじめの問題を抱えたとき，教員は二次障害の可能性を必ず検討しなければなりません。

二次障害の予防

　二次障害は，ストレスや不安が原因で発生します。日々のネガティブな関係性やつらい経験の積み重ねから生じてきますから，そのような期間が長ければ長いほど発生リスクが高まります。したがって，できるだけ早い段階から予防につながる対応を行うことが大切です。

　二次障害を予防するには，理解者の支援のなかで，原因となるストレスや不安を軽減させることが重要になります。

　環境的な要因への対応が，予防的な対応の骨子になります。代表的な対応は，次の3点です。

・本人の困難な状況や特性などが周囲から理解されるようにする。

・本人が生きやすいよう環境を設定する。

・本人のできることが注目され，達成感が積み重ねられ，自己肯定感をもつことができるようにする。

　環境調整に加えて，二次障害のリスクを減らすための予防的な対応として，本人にストレスに対処する力（レジリエンス：回復力・逆境力，ストレスコーピング：ストレス対処行動など）を育成する視点も必要です。

　日常生活や学校生活を送るなかで，適切な支援のもと，さまざまな活動に取り組み，対人関係のあり方を経験することにより，困難に直面した際の対応方法を身につけたり，ストレス耐性ができたりすることで，自分にできること・できないことの判断が可能になり，一方的に悩んだり不安に陥ったりすることも少なくなると思われます。

　またこの過程で，他人と良好なコミュニケーションを形成するためのソーシャルスキルを身につけることは，重要な学習項目になります。

　なお，発達障害のある人は，さまざまな精神疾患にかかるリスクが高いことが報告されています。統合失調症スペクトラム障害や双極性障害，うつ病，不安症などを併発する場合もあります。

　そのような症状が考えられる場合には，速やかに医療による対応につなげていくことが大切です。

反抗挑発症／反抗挑発性障害（ODD：Oppositional Defiant Disorder）

　反抗挑発症とは，親や教員など目上の人に対して拒絶的・反抗的な態度をとったり，口論をしかけたりといった挑戦的な行動を起こしてしまう疾患で，反抗挑発性障害（ODD）とも呼ばれます。

　成人期になると，一途で協調性がない，ささいなことでけんかをする，衝動買いなど金銭管理が困難などの問題が生起することも指摘されています。

　ODD の発症は，幼少期に保護者や周囲の大人と対立したような状況において，本人の言い分を聞いてもらえず，一方的に批判，非難され，抑圧させられるような場合が多かった，というような養育環境に影響を受けます。その背景には，気性が荒い，我慢することが苦手など，もともとの気質要因，遺伝的要因などもかかわり合うともいわれています。また，注意欠陥多動性障害（ADHD）の二次障害（自尊心・自己肯定感が低下し，自分や周囲の人を信じられなくなり起こしてしまう行動）として発症する場合が多いとされます。

　おもな症状には，以下のようなものがあります。

・**怒りっぽい／易怒性がある**——周囲からの刺激に過敏になり，すぐにイライラする。そのため，しばしばかんしゃくを起こしたり，腹を立てて怒ったりしてしまう。

・**口論好き／挑発的行動**——権威のある目上の大人や人物から一方的に決められたルールに積極的に反抗し，わざと周囲の人をイライラさせる。自分の失敗，または失礼な行動の原因を他人のせいにする。

・**執念深さ**——周囲の人との間に起こった出来事を根にもち続け，他人に対してやさしくなれない状態が半年に少なくとも2回発生する。

　子どもの健全な発達に反抗期は必要なものです。反抗期の子どもは親に反抗的な態度をとったり，常にイライラしていたりします。そのため反抗期特有の行動・態度なのか，それとも反抗挑発性障害なのかを見きわめることはむずかしいものです。反抗的な行動の発症頻度・症状の重さなどが，同じ年齢や発達段階の子どもに比べはるかに超えていると判断された場合は，反抗挑発性障害と診断されます。

素行症／素行障害（CD：Conduct Disorder）

　素行症とは，他者の基本的権利を侵害していると明らかに考えられる行為，年齢相応の社会的規範やルールを守らず，反社会的な行動を起こし続けてしまう疾患で，素行障害（CD）と呼ばれることもあります。

　おもな症状には，以下のようなものがあります。

・**人または動物に対する攻撃性**——いじめ，脅迫，威嚇，取っ組み合いのけんか，凶器の使用，強盗，一方的な性行為等を通して，人や動物に対して残酷な行動を起こす。

・**所有物の破壊**——故意に放火したり，自分の所有物ではないものを破壊したりすることで，相手に重大な損害を与えようとする。

・**虚偽性や窃盗**——建物や車など無断で入ってはいけないところに侵入したり，自分の利益のためにしばしば嘘をついたり，万引きなどをして価値のある物を盗んだりする。

・**重大な規則違反**——親の禁止にもかかわらず，夜に外出したり，学校をさぼったり，家出をしたりすることが，13歳未満から始まる。

　CDは，生物学的要因と環境の両方に原因があるとされ，これらが複雑に作用し合うことで発症すると指摘されています。

　生物学的要因では，セロトニン濃度が通常よりも異なる数値でみられる，攻撃性と関連しているデハイドロエピアンドロステロン（DHEA）の数値が高いことが明らかになっています。

　環境要因として，家族の問題があげられます。親の子どもに対する拒絶や無視，厳しすぎるしつけ，身体的虐待，両親が別居するなどの不仲，家庭内の経済状況の悪化などです。また，子ども本人が仲間から拒絶されるなどして孤独感を感じてしまうことも要因となり，反抗心が形成され，最終的に反社会的な行動を起こしてしまうことが指摘されています。

　病前性格は，ネガティブ，自己制御が苦手などといった特徴が認められ，発症率は小児期から青年期にかけて上昇し，女性よりも男性のほうが高いことが報告されています。

個に応じた教育計画
6-1. どんなアセスメントを
　　行うか

❶. アセスメントとは

　まず押さえておきたいことは，発達障害等の「診断」は医師が行うものであり，教員が行うものではないということです。ここでは，教育現場で教員が指導に生かすためのアセスメントを中心に紹介します。

　個々の子どものニーズに応じた教育計画を立てるには，子どもについての情報をさまざまな角度から収集し，総合的・多面的に判断して，実態を理解していく必要があります。このプロセスを「アセスメント」といいます。その方法として，行動観察や面接，検査法などがあげられます。

　アセスメントを効果的に支援につなげるために，教員は支援を必要としている子どもとの信頼関係を築きながら，子どもの問題点だけではなく，子どもが得意なところを見つけることも，その後の対応を考えていくうえで大切になります（次ページの表1，2参照）。

❷. アセスメントに関する留意点

　子どもを取り巻く環境が安定していると，教員などによる個別的配慮が効果を発揮します。子どもの行動をより深く理解するためには，子どもだけではなく，家庭や学級，学校，地域といった子どもを取り巻く環境についてのアセスメントも必要となります。

　アセスメントは対象となる子どもへの効果的な支援のために行うものですから，できるかぎり多くの人から多角的に情報を集め，支援者同士で共有し，どのように支援を進めていくのかを話し合う必要があります。

　子どもは日々成長していきます。支援の経過や成果もアセスメントしながら，子どもに対する支援を再検討し，ときには修正を加えていきます。

表1　アセスメントの観点と内容　　　　　　　　　　　　　小田（2009）を参考に作成

観点	アセスメントの内容の例
健康状態や身体状況の把握	□顔色・表情，□身体の緊張，□食欲，□排泄，□精神状態（緊張・興奮・意欲），□病気，□姿勢の崩れ，□日常生活における座位姿勢，□歩行の様子，□聴覚・視覚の状態，□パニックの状態，□自傷行為
コミュニケーション状況の把握	□人とのコミュニケーションへの興味関心，□言葉によるコミュニケーション（量・発声・音量），□身体の動きによるコミュニケーション（動作・うなずきなど），□言葉の理解，□感情・意思・要求の表出，□表現（内容）の明確さ，□ひとりごと・奇声
対人関係上のトラブルなどに関する状況把握	□起こる状況（場・時・状況や文脈），□トラブルが起こる前後の様子，□トラブルを起こす対象，□トラブルを起こす子どもを取り巻く環境，□背景要因の推定，□暴力行為の有無，□頻度，□逸脱行動
授業状況および学習態度の把握	□姿勢，□着席状況，□学習態度，□私語，□注意の持続時間，□学習の準備・片づけ，□学力状況，□集中力
学習上の得意・不得意の把握	□言葉の記憶，□言葉の聞き間違い，□指示に対する反応，□科目による学習態度の違い，□音読・黙読・書写などの様子，□作文の内容，□計算，□図形の模写，□整理整頓，□忘れ物，□休憩時間の様子

表2　代表的な知能検査・発達検査

検査名	特徴
WISC（児童向け）※5歳〜16歳11カ月	アメリカの心理学者，ウェクスラーが開発した知能検査。最新のWISC-Ⅳでは，全検査IQと，四つの指標の合成得点で，個人の認知特性を測定する。成人向けとしてWAISがある（16歳〜89歳11カ月が対象）。所要時間はWISCが60〜90分，WAISは60〜95分。
K-ABC	アメリカのカウフマン夫妻が開発した知能検査。個人の認知処理過程（継次処理，同時処理）と習得度を，一つの検査で測定する。
田中ビネー知能検査	フランスの心理学者，ビネーが開発した知能検査を，田中寛一が日本人への実施を目的に内容を改定した検査。所要時間は60〜90分。
新版K式発達検査	発達の状態を精神活動の諸側面にわたって調べることで，全般的な発達の進みや遅れ，バランスの崩れなどをとらえられる発達検査。「姿勢・運動」「認知・適応」「言語・社会」の領域を評価する。所要時間は15〜60分。

個に応じた教育計画

6-2. 個別の教育支援計画と 個別の指導計画

❶. 個別の教育支援計画・個別の指導計画の作成と活用

　小・中学校学習指導要領（文部科学省，2017）では，特別支援学級に在籍する子どもや通級による指導を受ける子ども全員について，個別の教育支援計画および個別の指導計画を作成し活用することが，義務として明示されています。

　また，通常の学級に在籍する通級による指導を受けていない障害のある子どもについては，二つの計画の作成と活用が努力義務とされています。

個別の教育支援計画	個別の指導計画
連携のための **長期的な視点に立つ計画**	**指導を行うための** **きめ細かい計画**
乳幼児期から学校卒業までの一貫した長期的な計画。作成にあたっては，関係機関との連携が必要。また保護者の参画や意見等を聞くことが求められる。	子どもの教育的ニーズに対応して，指導目標や指導内容・方法を盛り込んだ計画。例えば，単元や学期，学年等ごとに作成され，それに基づいた指導を行う。

❷. 個別の教育支援計画・個別の指導計画作成の意義

　個別の指導計画・個別の教育支援計画の作成には，次の意義があります。

・一人一人の障害の状態に応じたきめ細やかな指導が行える。

・目標や指導内容，子どもの様子等について，関係者が情報を共有できる。

・校内の職員の共通理解や体制づくりに役立つ。

・個別的な指導だけでなく，集団の中での個別的な配慮・支援についても検討できる。

・子どものめざす姿が明確になる。

・指導を定期的に評価することが，より適切な指導の改善につながる。

・引き継ぎの資料となり，一貫性のある指導ができる。

　これらの意義を十分に意識して作成することが，より効果を上げることになります。

❸. 長期的な視点に立つ「個別の教育支援計画」の作成

　個別の教育支援計画の作成の流れは，以下のようになります。

①**実態・教育的ニーズの把握**——障害のある子どもの実態や教育的ニーズについて把握します。保護者の心情にも十分配慮しつつ，生育歴や医療機関への受診履歴等を聞きとり，個人プロフィールを作成します。

②**個別の教育支援計画の原案作成・目標の設定**——対象となる子どもにかかわる諸機関をリストアップし，個別の教育支援計画の原案を作成し，実態に即した目標の設定を行います。必要に応じて関係機関の招集・連絡するなかで情報を交換し合って関係者間の共通理解を図り，具体的な教育的支援を明確にします。

③**実践・評価**——明確になった支援を実践し，適切に行われているか，効果的であったかを評価して，必要に応じて個別の教育支援計画を見直したり改善したりします。

　このサイクルを繰り返すことで，支援のネットワークが構築され，子どもの成長に伴って，在籍する場所や支援にかかわる機関が変わっても，個別の教育支援計画を活用した適切な支援と，提供されている「合理的配慮」（74ページ参照）の内容が引き継がれ，継続的に支援を実施することが可能になります。

　また，計画の作成により，早い時点から，生活の将来像を見通した支援が行われます。進路を決めるにあたっては，子どもの現状と本人や保護者の希望を考慮したうえで，必要に応じて個別の移行支援計画が作成され，学校間の移行や職業生活への移行準備とそのための支援が行われるようになります。

❹. 個別の教育支援計画の例

　次ページに例をあげましたが，決まった様式はありません。盛り込む内容は，特別な教育的ニーズの内容，適切な教育的支援の目標と内容，教育的支援を行う者・機関等です。自治体・学校ごとに様式が工夫されています。

個別の教育支援計画（例）

○○市立○○中学校	作成・修正者	○○○○（H. 28. 3. 10 作成）○○○○（H. 29. 7. 25 修正）		
<ruby>氏名<rt>フリガナ</rt></ruby> ○○　○○○		男・⊛	年　月　日生	年　月　日　入学・転入
保護者　○○　○○		現住所	〒　　－　　　　○○県○○市○○ 111-222	
連絡先　①		（　　　）	②	（　　　）

障害名・障害の状況	検査等の記録
・「自閉症」の診断 　　　（○○病院○○医師 H ○. ○. ○） ・体温調節が困難であり，水分補給に留意する必要がある。	・WISC-Ⅲ（○○医療センター H ○. ○. ○） 　　VIQ ○○，PIQ ○○，FIQ ○○ 　　　　　　　　言語性の遅れが顕著

本人が得意とすること・興味	障害者手帳
・汚れているところに気がついて，きれいに掃除をすることができる。	療育手帳：　　　　A　　　　　Ⓑ2 身体障害者手帳：　　　　　　級 精神障害者保健福祉手帳：　　有　　無

性格・行動・学習上の特徴（申し送り事項含む）

・自分から友達を誘うことはいまのところないが，誘われると一緒に遊ぶことができる。
・宿題や教科書を忘れることが多いので，その都度確認が必要である。
・簡単な文章であれば，そばについて一緒に読むことで，内容を理解することができる。

	本人・保護者	担任	医師・訓練士・関係者等
願い	・将来も地域の中で友達とかかわりながら生活させたい。 ・生活に困らない程度の読み書き計算ができるようにさせたい。	・本人のよさを伸ばし，それが職業につながっていくようにしたい。	・必要な援助を求められるようになってほしい。

	教育	医療	福祉
関係者との連携	・○○教育センター教育相談	・○○病院　　○○先生 ・□□皮膚科　　○○先生	・○○のガイドヘルパー利用 ・□□のショートステイ利用

長期目標	・社会のルールやマナーを身につけ，社会的に自立できるようにする。 ・他者と会話ができ，必要な援助を要請したり，自分の思いを伝えたりすることができるようにする。 ・日常生活に困らない程度の，読み書き計算ができるようにする。

❺. 短期的な視点で具体的な内容を盛り込む「個別の指導計画」の作成

個別の教育支援計画を踏まえ，個別の指導計画を作成します。長期的な視点に立つ個別の教育支援計画に対して，個別の指導計画には，短期的な視点でより具体的な指導の内容を盛り込みます。

作成の流れは，以下のようになります。

①実態把握（アセスメント）

特別な支援が必要な子どもの実態把握は，担任だけでなく，コーディネーターを含めた校内委員会が中心となって行います。子どもの状態像を把握するだけでなく，周囲の人（学級集団や教員など）を含めた環境との相互作用の情報なども収集します。

②課題の整理・ニーズの選定

子どもの課題（つまずき）の内容を把握します。

学習面では，どの教科・分野で，どのような課題でつまずきがみられるか，行動面では，気がかりな行動の様子とその行動が起こるきっかけとなる事柄や状況，教員がとった反応との関連などを整理します。社会性の面では，集団での活動や友人とのかかわりの様子などを書きます。あわせて，子どものよいところ，得意なところについても把握します。

次に，子どものつまずきの要因や背景にかかわることについて整理します。心理検査の結果や子ども自身の特性，学校，家庭の環境面から考えられることと，所属する学級集団の状態，他の子どもの様子などです。

③目標の設定（長期・短期）

長期目標の設定は，一般的には1年間程度の期間を設定します。

①実態把握（アセスメント）

②課題の整理・ニーズの選定

③目標の設定（長期・短期）

④支援内容・方法の設定

⑤指導の実践・記録

⑥実践・指導の評価

⑦個別の指導計画の評価

多くの課題の中から，緊急性，成果への期待度，取り組みやすさなどを観点に優先順位を考えて，課題を絞り込みます。成果が期待でき，達成感が得られるようにすることを優先して課題を設定することにより，本人の意欲につながり，他の課題への取り組みにもよい影響を与えることになります。

　長期目標を達成するために設定したスモールステップが，短期目標になります。学期ごとの期間を設定するのが一般的です。スモールステップの課題を意識して，どのような場面で，何を，どのようにするのかなど，できるだけ具体的な記述にします。

　目標を設定する際のポイントは，評価が可能なものにすることです。基準値を設定すると評価しやすくなります。

④支援内容・方法の設定

　短期目標を達成するために必要な支援内容や方法を設定します。

　設定の際のポイントは，子どもの特性に配慮して，無理なく取り組めるようにすることと，子どもの得意なこと，好きなこと，興味・関心のあることなどが生かされるようにすることです。

⑤指導の実践・記録

　①〜④をもとに個別指導を実践し，指導の記録をとります。

⑥実践・指導の評価

　実践内容や方法が適切であったかをこまめに評価して，改善につなげ，指導の内容・方法や実践指導等の見直しを図ります。

⑦個別の指導計画の評価

　学期または１年間の取り組みについて，目標は達成できたか，支援方法は適切であったかなどを評価し，修正が必要な箇所を校内委員会等で協議します。必要に応じて，個別の指導計画の見直しや改善を図ります。

❻．個別の指導計画の例

　個別の指導計画にも決まった様式はありません。

　内容としては，子どもに関する記録と，指導に関する記録に分けて作成するケースが多くみられます。

　右の表は，指導に関する記録の一部を例として紹介したものです。

個別の指導計画〔B票：指導の記録〕（例）　取扱注意

○○市立○○小学校 作成・修正者	○○○○（H. 28. 3. 10 作成）　　　○○○○（H. 29. 7. 25 修正）		
学年　4 年　フリガナ 氏名　○○　○○○　男・女	年　月　日生　　　年　月　日　入学・転入		

指導の重点		年　間　目　標	評価・今後の課題
	生活	・規則正しい生活をし，休まず登校する。 ・話しかけられたら，返事をする。	1学期は体調もすぐれず，欠席が目立った。家庭での生活は乱れがちで，なかなか改善されない。話しかけられたらあいさつや返事をして，コミュニケーションの基礎をつくりたい。
	学習	・1，2年生の漢字が混じった文を読み，意味がとらえられるようにする。 ・繰り上がり，繰り下がりのある加減法ができるようにする。	・ひらがなの学習に多くの時間をかけてきた。一文字ずつの拾い読みはできるようになってきたが，文を読むことは，むずかしい。 ・日常の生活場面を想定して実物や模型を使っての計算を経験させる。

教科・領域等	短期目標	指導内容・手だて	指導の経過と評価		
			1 学期	2 学期	3 学期
学校での生活	・早寝，早起き，朝ごはんの習慣を身につける。 ・教員にあいさつされたら，あいさつを返す。話しかけられたら，返事をする。	・家庭と連携をとり，生活チェックシートに取り組む ・全教員に必ず話しかけてもらうように仕組み，返すことができたときには，教えてもらう。	母親を励ましつつ，家庭での協力を繰り返し依頼していく。女性教員にはあいさつを返すことができるようになってきた。 (記載者)○○○○	(記載者)	(記載者)
国語	・ひらがな・カタカナを読んだり書いたりできる。 ・簡単な文を読むことができる。 ・簡単な文を書くことができる。	・1年生の教科書を使い，言葉の獲得，ひらがな，カタカナの読み書きができるように学習を進める。 ・書くことを本人と話しながら，一緒に文章にしていく。	音と違う文字を書くことがあるが，指摘すると間違いに気づいて書き直すことができる。教員の読みを追って読むことはできるが，一人で読むことはむずかしい。 (記載者)○○○○	(記載者)	(記載者)
算数	・繰り上がりのある1ケタ＋1ケタのたし算や繰り下がりのある2ケタ－1ケタのひき算ができる。	・生活場面を設定し，具体物操作をできるだけ取り入れる。 ・定着するまで繰り返し学習させる。	パターンを覚え，計算ができた。計算の意味理解はむずかしく，具体物や具体的場面の教材準備がさらに必要。 (記載者)○○○○	(記載者)	(記載者)

7. インクルーシブ教育を実現する学校システム
——アメリカのモデルから——

❶. 教育の統合の流れ

　アメリカ合衆国（以下アメリカ）では，個別障害者教育法（Individuals with Disabilities Education Act：IDEA）の 1997（平成 9）年の改正で，「障害のある子どもも基本的には障害のない子どもと同じ通常の教育カリキュラムで学習する」ことが明記され，従来は別々に取り組まれていた特殊教育（special education）と通常の教育（general education）を一本化する学校のシステム改革が推し進められました。そのため，障害のある子どもが通常の教育カリキュラムに参加して学力を身につけることができるように，さまざまなアプローチや方法の開発が急速に進められています。

　システムベースで発達してきたアメリカの取り組みは，障害の有無によって子どもを分けずに，すべての子どもを包み込むインクルーシブ教育のあり方を考えるうえで，わが国にとっても参考になります。

❷. 学習のユニバーサルデザイン

　特殊教育と通常の教育の枠組みを一本化する考え方として，教育に関する応用テクノロジーの研究機関 CAST（Center for Applied Special Technology）は，人々の能力や学習スタイル，好みなどの多様性を前提として，すべての人々が平等に学ぶ機会を提供することを目的に，「学習のユニバーサルデザイン Universal Design for Learning：UDL」のアプローチを設計しています（CAST, 2009）。UDL に関するナショナルセンターを設置し，学習のユニバーサルデザインの普及に大きく貢献しています（UDL Guidelines, 2009）。

　CAST が提唱する学習のユニバーサルデザインの基本原則は三つです。

①**多様な提示の方法を提供すること**——教員の説明だけではなく，個人の特性に応じたわかりやすいプリントを配布する等。

②**多様な表現の手段を提供すること**——ノートに書くだけではなく，パソコン

で表現する等。

③**多様な活動の手段を提供すること**——特性に応じて使いやすい教具やテクノロジーを用意しておくこと等。

　この3点を保障することで，障害の有無にかかわらず，すべての人が使いやすく活動しやすくなり，障害のある子どもと障害のない子どもが同じ教育カリキュラムで学習することが可能になります。

❸. コンピテンシーの育成に基づく予防教育の推進

　このようなアメリカの方向性は，子どものもつ教育上のリスク（例えば学習困難の要因）を軽減することだけでなく，子どもの人格形成と取り巻く環境にも焦点を当て，コンピテンシー（competency）の向上をめざした包括的な介入を行うことをめざしたものです。

　コンピテンシー（能力）とは，「単なる知識や技能だけではなく，技能や態度を含む様々な心理的・社会的なリソースを活用して，特定の文脈の中で複雑な要求（課題）に対応することができる力」であるとしています（文部科学省HP「OECDにおける『キー・コンピテンシー』について」）。

　つまり，自立した人間として社会生活に必要な資質・能力（コンピテンシー）を，すべての子どもたちに獲得させる支援を進めていくことで，結果的に問題行動の予防につながることをめざしているのです。

　それは，問題行動の減少がそのまま子どもの健全な行動につながるわけではないからです。例えば，友人関係で，みんなと同じようにできない子どもを差別しないということが，そのまま思いやりのある行動として，友人の困難さへの気づきや，自分から支援する行動につながるわけではないということです。

　したがって，子どもの差別意識（問題行動）をなくしたり減らしたりすることだけを目標にするのではなく，人に対する共感性や思いやり行動（向社会性）の育成も同時に目標にしていくことが必要なのです。

　そのためには，場面ごとに期待される行動（例えば，他者を尊重することとして，教室では人の話をさえぎらずに最後まで聞く等）を具体的に提示し，共感性や思いやり行動などのコンピテンシーの育成を能動的に図っていくことが求められるのです。

❹．SAM（School wide Applications Model）

　後述するRTIモデルに基づく学校システムの改革モデルにSAMがあります。従来の特殊教育と通常教育を統合した教育システムを学校ぐるみで構築し，全児童生徒一人一人の学力の向上と社会性の発達を保障する教育実践をめざすものです（Sailor, 2009）。

　アメリカでは，個別障害者教育法（IDEA）の2004（平成16）年の改正で，学校は障害のある子どもたちに質の高い技術と知識をもった教員を充当すること，すべての特殊教育の担任教員は特殊教育免許を所持することが求められるようになりました。さらに，学習障害（LD）の判定にはRTI（Response To Intervention）モデルを使用することがめざされました。

　RTIモデルは，徐々に指導・支援を行ってその反応を測ることにより，子どもの学業不振の要因が学習・指導環境の不適切さからくるのか，それとも特異的な学習障害が原因なのかを判断します。これにより，その他の要因による学業不振の子どもが「学習障害」として判定されることを減少させるとともに，一人一人の子どもに合った適切な指導環境の改善を行うことを目的としています（その後，学習面のみならず行動面での問題を解決するシステムとしてもRTIが利用されています）（Sailor, 2009）。

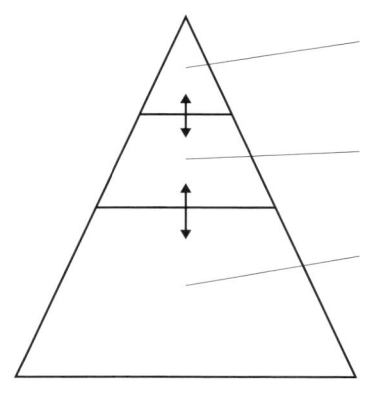

第3層（1～8％）
個別・集中的な指導（ラディカルな早修中心）

第2層（5～10％）
少人数で行う補足的な指導（早修・拡充教育）

第1層（80～90％）
すべての児童・生徒を対象とした教室での指導
（拡充教育中心）

図　モンタナ州ギフテッド対応型RTIモデル（関内，2016）

　RTI モデルは，すべての子どもにアセスメントが実施され，その結果に応じて 3 層モデルによる付加的な教育的介入が実施されることで，支援の必要な子どもへの介入の目を行き届かせようとするところに特徴があります（48 ページの図参照）。これにより，障害のある子どものみならず，すべての子どもにとって有効な教育モデルとなっています。

　当モデルに基づいた教育実践を行っている学校の多くは，大都市近郊の経済的貧困層の居住地域にある厳しい教育環境の学校が多いにもかかわらず，子どもの学力と社会性の二つの側面の向上に，実証的な成果をあげています（Sailor&Roger，2005）。

❺. SWPBIS (School Wide Positive Behavioral Interventions and Supports)

　SWPBIS は，スクールワイドな支援における問題行動の「階層的予防モデル」です。SWPBIS の考え方と展開は，SAM と似ています。

　まず，第 1 次介入として学級のすべての子どもを支援します。問題行動そのものではなく，その代替行動となりうる向社会的行動を学級のすべての子どもに共通する行動目標として設定し，支援を進めていくことによって，結果的に問題行動の生起を予防することをめざします。それだけでは問題行動を示す可能性を払拭できないと考えられる場合に，第 2 次介入（専門的なグループ支援），第 3 次介入（専門的な個別支援）へと順次支援を厚くしていき，すべての子どもにふさわしい支援を行き届かせようとするものです。

　SWPBIS は全学校において望ましい社会的文化を学ぶことができる環境をつくりだすことをめざし，すべての子どもにグローバルな市民になるうえで必要なことを身につけることを目標としています。そのために，SWPBIS は次の 4 点を目標としてあげています（Sugai& Horner，2002）。

①効果的な実践を行ううえで学校を支援するシステムをデザインする。
②問題を予防する学校文化の創成と肯定的な社会的行動を明示し，それを教え，認識させること，問題行動を回避する方法については一貫した教示を与える。
③望ましい支援を必要とする子どもに継続的な介入を与える。
④決断のためのデータを集め，活用する。

コラム2 情報機器の活用

情報機器を支援に生かすために

　情報機器とは，情報通信技術（ICT：Information and Communication Technology）を使った，パソコン，タブレット，電子黒板といった機器や，プロジェクター，液晶テレビといった周辺機器の総称のことです。

　特別支援教育において，ICT の活用効果をあげるためには，まず，本人がどのような困難さを抱えているかを正確にとらえる手だてが必要です。保護者や専門家との連携・理解のもと，日常的な観察および標準化されたアセスメントツールを用いて，客観的かつ総合的な判断を行うことが重要となってきます。

　最終的には本人の困難さが軽減し，学習面・生活面において自己調整ができるようになることをめざします。教員は，子どもの自律を促すことを目的として，苦手な部分を補うツールとして ICT を効果的に子どもが使いこなせるように支援していくことが重要です。

学習面にかかわる ICT の活用例

　ICT の活用は，特に読み書き・計算に苦戦する学習障害（LD）の児童生徒への学習支援に有効です。

　例えば，習得にはそれほど困難を抱えていないものの，漢字を正しく書けない児童生徒において，「自分の書く文字の形が整わず，後で読み返すことができない」「書くことに必要以上に時間がかかってしまい，書くこと自体が嫌いになってしまう」などの困難を抱えている子が存在すると思われます。

　このような児童生徒の背景として，視覚情報と運動機能の統合が未熟で，文字の線の位置や方向性を目で見ただけではとらえにくい，手腕の不器用さから筆記具をうまく使うことがむずかしいなどの要因があげられます。

　こうした児童生徒への支援としては，タブレットの持ち込みを許可し，授業中黒板に書かれた文字をカメラ機能で撮影することでノートとして活用したり，大きな文字が出るように画面上で設定し，手本をもとになぞるなどの活動を取り入れたりすることで，本人の学習場面での困り感を軽減させることが可

能になると考えられます。

　このときの注意点は，他の児童生徒との公平性の問題です。発達障害のある児童生徒への学習における個別の配慮が，周囲の児童生徒や保護者に「ひいき」ととらえられないよう，学級のメンバーが納得するようなかたちで慎重に説明を重ねていくことが大切です。

生活面にかかわる ICT の活用例

　例えば，友人とうまくかかわることができない児童生徒において，「約束の時間を忘れる」「予定が急きょ変更になってパニックになる」「自分の興味のあることを一方的に話し過ぎてしまう」などといった障害特性に基づく行動が，他者からの理解を得られにくく，周囲から浮いてしまい，トラブルの原因になる場合があります。

　こうした児童生徒への支援としては，本人の苦手な行動場面を想定し，ICT機器で活用できるアプリケーション（表参照）を用いることで，一つずつ改善を図っていく試みが考えられます。

　また，ある場面を設定し，みんなでロールプレイをする様子を動画に撮影し，グループごとに見返すことで行動の修正を促すソーシャルスキルトレーニングも効果的であると考えられます。

表　活用できるアプリケーション　　藤田監修・熊谷ら（2016）より引用，加筆修正。

	アラーム	リマインダー	タイマー	ICレコーダー，カメラ	カレンダー
本人の支援ニーズ	行動の切りかえが悪く，次の活動に遅刻しやすい。	予定を忘れることが多い。	作業の時間配分が苦手。	情報を記憶しておくことやメモをとることが苦手。	予定の把握や管理ができない。
補助となる機能	設定した時刻を音声やバイブレーションで知らせる。	設定した時刻に予定を知らせて，用件の詳細もセットで知らせる。	残りの時間を文字情報やイラストで示す。	覚えておくべき情報を視覚情報や聴覚情報で記録する。	本人に合った書式でスケジュールを記録する。

実践編

8. 通常学級における 特別支援教育

❶. 通常学級における特別な支援が必要な子どもと体制の現状

通常学級において特別支援教育を必要とする子どもはどのくらいの割合で在籍しているのでしょうか。

「通常の学級に在籍する特別な教育的支援を必要とする児童生徒に関する全国実態調査」（文部科学省 2002, 2012）によると，教員の観察により，知的発達に遅れはないものの学習や行動面で著しく困難を示すと判断された子どもたちの平均値は，全体の約 6.5% を示しています。

つまり，通常学級に在籍する特別支援教育を必要とする子どもは，平均的な 30 人学級にほぼ 2 人の割合で在籍すると推定され，通常学級の担任の多くは発達障害のある子どもを担任していると考えられます。

次に，各学校の特別支援体制の現状をみてみましょう。

各学校においては，校内委員会の設置や特別支援教育コーディネーター（以下コーディネーター）の指名などの特別支援教育体制の整備が進められ，特別支援教育に関する基礎的な体制の整備はほぼ完了しつつあるとされています（文部科学省，2013）。各学級においては，通常学級の 44.6% の教員が支援員のない状態で，特別な教育的支援を必要とする子どもに個別の配慮や支援を行っていることが報告されています（上野，2013）。

❷. 通常学級で行う特別支援教育の方針

特別支援教育では，インクルーシブ教育の理念のもと，「障害のある子どもと障害のない子どもが，できるだけ同じ場で共に学ぶこと」がめざされています。したがって，特別支援教育を推進するには，学校が子ども一人一人の教育的ニーズを把握し，ニーズに応じた適切な指導と必要な支援を行うことが基本となります。この観点から教育を進めていくことにより，障害のある子どもにも，障害があることが周囲から認識されていないものの学習上または生活上の

困難のある子どもにも，さらにはすべての子どもにとっても，よい効果をもたらすことができる，と考えられています。

　学級担任の視点で考えると，多様な子どもの存在を前提としながら，できるだけ多くの子どもがわかりやすく行動しやすい活動や授業をめざして教育活動を展開することが一つの目標となります（ユニバーサルデザインの授業や活動）。また，学校での生活や活動，授業の基盤となる学級集団が，できるだけ多くの子どもにとってわかりやすく行動しやすいものになるよう，子ども同士のかかわり合いや人間関係の構築をめざして学級経営を行います（ユニバーサルデザインの学級経営。46 ページ参照）。

❸．学級経営のポイント——学級集団への対応

　どんなときも学級担任には，学級内のすべての子どもに対して，次の2点を満たすことが求められます。

> ①学校生活で展開される生活や活動，授業が快適で充実したものになるように担保すること。
> ②学級集団を，すべての子どもにとっての居場所となり，子ども同士が建設的で親和的なかかわり合いができるように形成すること。

　①と②は相補的な関係で，同時進行で展開されていきます。

　学校生活で展開される日常の生活や活動，授業の一つ一つがすべての子どもにとって快適で充実したものであれば（①），それらが展開される学級集団はすべての子どもにとって居場所のように感じられます（②）。逆に，学級集団がすべての子どもにとって居場所となっていれば（②），そのような学級集団で営まれる日常の生活や活動，授業の一つ一つは，すべての子どもにとって不安や緊張も少なく，快適で充実したものになるからです（①）。

　①と②を展開するためには，子どもたち個々と学級集団の状態の把握を適切に行うことが不可欠になります。

　一見，従来の学級経営を，より子ども一人一人に応じてていねいに行うだけというイメージにみえますが，そう簡単ではありません。①と②を個々の子どもの支援レベルに対処しながら展開していくためには，教員として相当の学級経営の力量が求められます。

児童生徒対応の原則も含めた学級経営についての目的とスタンダードとなる学級集団づくりの方法論（河村，2005），子どもたち一人一人の特性や状況の把握に関する方法論を，教員個々が身につけることが大切です。

　また，授業や学級経営におけるユニバーサルデザインの考え方（46 ページ参照）が，教員全体で確認されて共有化されていることが不可欠です。これらの対応は，後で述べるように，教員たちの組織的対応で展開されることが前提になるからです。

　以上を整理すると，次の4点を押さえる必要があります。

> ①子どもの特性や状態を把握するための方法論を身につけている
>
> 　観察法や面接法だけではなく，質問紙も活用したアセスメントの方法論を身につけていることが求められる。定期的にすべての子どもの支援レベルを見直し，柔軟に対応するための基盤になる。
>
> ②良好な教育環境としての学級集団づくりの方法論を身につけている
>
> 　問題がないだけの学級環境の形成は不十分であり，所属する子どもたちが自分らしくかかわり合える学級風土を能動的に育成することが求められる。
>
> ③①②について，校内の教員たちで共有している
>
> 　組織連携の基盤として，児童生徒理解と対応の原則，子どもが主体的に協同的にかかわれる学級集団づくりの方法論について，校内の教員たちが共有していることが求められる。
>
> ④個別支援の必要な子どもに対する専門性の高いアセスメントと対応方法が校内に確立している（外部の専門家との連携を含む）
>
> 　専門的な支援が必要と判断される子どもには，担任教員が抱え込むことなく，校外の専門的組織とも連携しながら対応できることが，子どもの学びを保障する。

　上記①〜④を，学級担任と教員組織の一員という二つの立場で確実に取り組んでいくことが個々の教員には求められます。

❹．ニーズの大きな子どもへの対応——個別の対応

　特別な支援を必要とする子どもに対しては，子どものニーズに応じた個別対

応を付加的に行っていきます。ただし，学級内で個別対応につながる支援が必要な子どもは，障害のある子どもだけではありません。「対人関係をうまく形成できない」「集団生活のルールに従って，学級生活・授業をはじめとする学級活動に参加できない」——こういった子どもたちの背景となる要因は実にさまざまで，大きく四つのタイプに分けられます（河村，2005）。

---

①能力が十分に育成されていない

　甘やかされ，しつけ不十分，人とかかわる体験不足などにより，行動の仕方が学習されていない。

②情緒的な問題を抱え，行動できない

　不安が強い，対人恐怖があるなどの心理的な問題を抱え，適切な行動の発揮がさまたげられている。

③環境的な問題を抱え，不具合が生まれている

　保護者が不在，養育能力の欠如，外国の方で日本の風習になじみがない等により，家庭で基本的な生活習慣が身についておらず，その結果，学級生活でも支障が出ている。

④器質的な問題を抱え，うまく行動できない

　いわゆる特別支援教育の対象となる子どもたち。器質的な問題を抱えているため，単なる学習不足や本人や周りの努力不足ではない。

---

　①〜④の問題に軽重はなく，教員にとって，どの子どもの問題も対応すべき重要な課題です。これまでも教員は，生徒指導上の課題や教育相談上の課題をもつ子どもとして，①②③のタイプが絡んだパターンの子ども（その中に④のケースが内在していた）の個別支援と，その対応を内包した学級経営に，試行錯誤しながら取り組んでいる状態にありました。

　今後は，それらの問題行動の背景に発達障害の可能性にも目を向けること，また問題行動として表れてはいないが学習上または生活上の困難がある子どもの存在に気づき，適切な支援を行っていくことが，学級担任に求められます。

❺. 学年団や校務分掌との連携——組織的対応

　ここまで学級における特別支援教育のポイントについて述べてきましたが，特別支援教育は，学級担任一人で取り組むものではありません。

校内の組織と連携しながら，次の①〜③のように取り組んでいきます。なお，実際の学級での取り組みにあたっては，学級の子どもたちの実態によって，ティームティーチングや支援員との連携で行う場合も想定されます。

①子どもの援助ニーズを適切に把握し，担任教員だけではアセスメントや対応がむずかしい子どもは学年団で検討し，確実に校内の「特別支援教育部会（校内委員会）」につなげて支援する。
②どの学級でも「学級集団づくりのゼロ段階※注」（河村，2012）以上の学級集団の状態を育成するために，他学級と情報交換したり，アドバイスを受けたりする。
　その際，次の三つの対応に注目する。
　1）ニーズの大きな子どもに対する計画的な個別の支援体制の確立。
　2）1）ほどではないが，個別支援の必要な子どもへの先手の支援。
　3）学級全体に向けた，子どもの友人やグループにかかわる能力を育成する開発的支援。
③校内の「特別支援教育部会」の動きに沿って，担当する役割を行っていく。

　上記以外にも，個々の教員が特別支援教育の力量を高めるために，研修会に参加して，担任する子どもの障害特性の理解に努めることや，困難の要因に関する支援や配慮の仕方を身につけることが求められます。さらに，校内組織の一員として他の学級の検討会に参加したり，空き時間に他学級の支援に回る場合もあります。

　こうした取り組みは学びとなり，校内における児童生徒理解の広がりや学級集団づくりのヒントにもつながっていきます。

❻．特別支援教育の推進で求められる教員組織のあり方

　特別支援教育の体制づくりを学校全体で推進していくためには，教員たちの組織的な対応が不可欠であり，「同僚性」（教員間の学び合いや支え合い，協働する力などの学びの共同体としての学校の機能）を発揮し，組織の機動性や柔軟性をより高め，それによって学校全体の教育の成果を高めることが期待されています。

　教育成果の高い学校の教員組織とは，次のようなイメージです（河村，2017）。

　一つは，「子どもたち一人一人に対する個別対応と集団対応が，どの学級でも統合されて良好に実施されていること」です。

　こうした学校では，個々の教員の教育実践に対する向上心が高く，それを具現化するための能動的な学習が継続して行われています。

　二つめは，「学校全体の教育方針，すなわち学校経営に学年経営が位置づき，学年経営に各学級の学級経営が有機的に位置づいていること」です。

　こうした学校では，教育実践の目標が個々の教員にまで共通理解されていて，基盤となる教育実践の足並みがそろっています。

　そのため，教員間に高まろうという意欲が自然に喚起され，また，そのためのモデル（見習いたい実践）も近くにあるため，教員の「自主・向上性」が高まります。また，仕事として新たに学習しながら行う協働的な活動が仕組まれているため，教員間の「同僚・協働性」も高まります。

　つまり，教育成果が高く，担任教員が活躍できる教員組織には，自主・向上性，同僚・協働性の両方を高める作用があります。そのため，教員同士に「支え合い」「学び合い」「高め合い」があり，明るく活気に満ちています。

　そして，このような学校組織では，教員のメンタルヘルスも良好になっているのです（河村，2017）。

※注）河村（2012）は，「学級集団づくりのゼロ段階」として，次のように説明しました。
　　・学級集団全体で授業や集団活動が，一応成立している。
　　・学級集団の雰囲気や状況が，児童生徒個人の人権，学習意欲・行動にマイナスの影響を与えていない。

コラム3 特別な支援を必要とする子どもの援助ニーズの理解

すべての子どもにニーズがある

　教員は，すべての児童生徒一人一人の教育的ニーズを把握し，適切な指導および必要な支援を行うことが期待されています（文部科学省，2012）。

　子どものニーズに応じた援助を行うためには，個々の子どもを3段階の援助レベルでとらえる，学校心理学に基づく考え方が参考になります。学校心理学は，「一人ひとりの子どもが学校生活を通して出会う問題への対応と解決を援助する心理教育的援助サービスの理論と実践」を支える体系とされています（石隈，1999）。

　1次的援助サービスは，対象となる母集団（学校，学年，学級）のすべての子どもが対象となる支援で，授業や学級経営はこれに相当します。子どもが発達上の課題や教育上の課題を遂行するうえでもつ援助ニーズへの対応で，成長のための課題に取り組む子どもの能力を促進するので「開発的援助」とも呼ばれます。

　2次的援助サービスは，援助ニーズの大きい一部の子ども（登校しぶり，学習意欲の低下，転校生，家庭環境の悩み）に対して行うもので，問題が長期化したり大きくなったりしてその子の成長を妨害しないようにする予防的対応です。

　3次的援助サービスは，重大な援助ニーズ（長期欠席，いじめ，障害，非行）をもつ特定の子どもに対して行う，その子に応じた個別対応です。

　特別な支援が必要な子どもとは，1次的援助サービスに加えて，2次および3次的援助サービスが必要となる子どもと考えることができます。

各援助レベルで教員が取り組むべき内容

　1次的援助サービスでは，子どもたちの発達や学校生活・学級生活への参加状況から，多くの子どもに共通する援助ニーズを把握して，教育活動の具体的な展開のあり方に生かすことが必要です。例えば，係活動や掃除などの当番活動，さらに学習や学級活動にスムーズに子どもが参加できるように，特定のルー

ルや行動様式の共有化を促したり，ソーシャルスキルトレーニングを行ったりします（これらの一斉活動にみんなと同じレベルで参加できない子どもが，個別配慮が必要な子どもとして担任には見いだされます）。

2次的援助サービスでは，その子どもの問題状況を把握し，必要な援助は何か，などを明らかにすることが求められます。この段階のポイントは，教員や子ども相互の関係形成，学級集団に居場所が見いだせない状況をいかに早期に発見して，早期対応につないでいけるかです。

3次的援助サービスでは，発達障害などに起因する子どもの学校生活における困難について，多面的で総合的な情報収集により，その子に応じた支援計画を作成することが求められます。学校生活における苦戦が大きい場合には，知的能力や学力，性格特性などの自助資源となる個人の側面について詳細なアセスメントを行う場合もあります（38ページ参照）。校内委員会などの組織で支援するにあたり，チームとして対応する教員には，不登校，非行臨床，発達障害などの知識と技能が求められます。

環境との相互作用にも目を向ける

学級担任は，子ども一人一人に目を向けることに加えて，子どもと環境（家庭や学級集団など）との相互作用の側面からニーズを読みとることも大切です。

このうち，子ども個人と学級集団との関係性については，Q-U（66ページ参照）を実施して，子ども一人一人のもっている学級生活への満足感をアセスメントし，ニーズに応じた対応を行うことが有効です。

例えば，Q-Uを実施した結果，非承認群や侵害行為認知群であった子どもには2次的援助サービス，そして学級生活不満足群であった子どもには3次的援助サービスを提供します。

このとき，より的確な援助計画を立てるためには，教員たちの経験や勘に根ざした観察・面接から得られた臨床的な情報も統合して，子どもを理解していくことが必要です。

子どもの状態を多面的・多角的にとらえ，それらの情報を統合することによって，その子の問題状況を立体的にとらえ，より効果的な支援につなげることができるのです。

インクルーシブ教育の基礎となる学級集団づくり

9-1. これからの学級集団づくり

❶. 学級経営の失敗例から学ぶこと

「特別支援教育を必要とする子どもへの対応がうまくいかず，学級が荒れてしまった，学級経営がうまくいかない」——2006（平成18）年に特別支援教育が本格実施されてからしばらくの間，こうした話が担任教員から普通に聞かれ，残念ながら，教員が特別支援教育を必要とする子どもが在籍する学級の担任を避ける傾向も珍しくはありませんでした。

担任教員が学級経営に苦戦している現状は，Q-U（66ページ参照）を用いた調査でも実証的に報告されています。

学級の大量データを分析することでみえてきたのは，「従来の学級経営＋特別支援の必要な子どもの個別対応」ではうまくいかない以下のような状況です。

・従来の学級経営を続け，つけ加えるように特別支援を必要とする子どもへの個別の対応をしたら，その部分が目立ってしまい，他の子どもたちから不満が出て，学級全体がギクシャクしてしまった。

・板書の仕方や掲示物の提示など，本に書いてあるように行ったのに，あまり効果がみられず，授業のざわつきが常態化してしまった。

・特別支援を必要とする子どもが静かに学校生活を送っていたので，配慮しながら見守っていたが，突然不登校になり，その後保護者から対応が不十分だと強く非難されてしまった。

以上の失敗例から学ぶことは，次の点です。

○特別支援教育を必要とする子どもへの個別対応は，学級内の他の子どもたちとのバランスをとらなければうまくいかない。

○教育委員会から配布された資料や本などに書いてある支援を，かたちだけ行ってもうまくいかない。

○問題が起きてから対応するという受け身の姿勢で取り組んでいてはうまくいかない。

❷．新たな学級経営の展開の必要性

　発達障害がある子どもが学級に在籍していることは，もはや特別なことではありません（54ページ参照）。したがって，適切な学級経営の展開を考えるうえでは，特別支援教育を必要とする子どもへの個別対応を内包した計画的な学級集団づくりを行うことが，これからの学級経営のスタンダードになります。問題が発生したら個別対応をつけ加えて行おうというのでは不十分なのです。

　学級集団づくりの流れの基本は，子どもたちが学級全体で協働的に活動できることを最終的な目標に，次のような展開をとります。

> ①学級のすべての子どもたちに，一定の学級のルールを共有させる。
> ②子どもたち相互に親和的な人間関係（リレーション）を形成して，その関係性を段階的に全体に広げていく。

　このプロセスで，教員は，「学級全体への対応」と「個々の子どもたちへの個別対応」を駆使しながら，ルールとリレーション（互いに構えのない，ふれあいのある本音の感情交流）の両方の形成をめざして，学級集団を親和的で建設的な状態にいたらせていくのです。その結果，子どもたちは自らの中にあるルールを守りながら自発的に活動するようになり，特定のグループに固まることなく，いろいろなメンバーとかかわることができるようになるのです。

　以上が学級経営の原則ですが，特別支援教育を必要とする子どもへの個別対応を内包した学級集団づくりでは，ルールの形成とリレーションの形成において，従来よりもワンランク上の対応が求められます。

❸．「ルール形成」ワンランク上の対応——意味や価値の共有——

　「学級のルール」とは，次の3点をあわせたものの総体です。

> ①グラウンド・ルール——話し合いの仕方，かかわり方や参加の方法，意思決定の手順などの子どもたちの主体的な話し合いや，協働的に活動するための前提となる暗黙のルール。
> ②学習規律——授業や学習に主体的に参加するために必要な，聴く姿勢，手のあげ方，話し方など学級内で決められた守るべきルール。
> ③ソーシャルスキル——人とのかかわり方や集団活動の仕方。

これらのルールを学級のすべての子どもたちに共有させていくことは，授業づくりと学級集団づくりの前提になります（河村，2017）。

　そして，ルールにそった行動の意味や価値が子どもたちに理解され，主体的に行われていくことが最終的な達成目標です。

　さきに紹介した「従来の学級経営＋特別支援教育を必要とする子どもへの個別対応」の例では，学級の子どもたちに，特別支援教育を必要とする子どもへの配慮の仕方やかかわり方をルールとして身につけさせたかもしれませんが，それが子どもたちの自律性と主体性が伴った行動にまではなっていなかったことに問題があります。行動する意味や価値が子どもたちに十分理解され，生活の中で実感され，教員に言われなくても自ら行動するという，自発的な行動になっていなかったのです。

　学級のルールにそって行動する意味や価値が子どもたちに実感されていないなかで，定められたかたちの行動をとることだけを強要されている状況——これは「管理の手段になっている学級のルール」です。

　ルールが管理の手段として定着している教室では，ルールとして定められた行動がとれたか否かという結果だけが注目されてしまいます。

　結果として，ルールに定められた行動がとれなかった子どもは，周りの子どもたちからマイナスの評価を受け，人間関係で孤立し，排斥されることになりがちです。

　特別支援教育を必要とする子どもは，まさにこの状況の中に入り込んで苦しんでいる例がとても多いのです。ルールに従って行動できないことで，教員の目の届かないところで，周りの子どもたちから非難されているのです。

　そして，この状況のむずかしい点は，一方の非難している子どもたちも，自分たちの行動に正当性を感じているところです。

　表面に現れた行動ではなく，背景・基盤にある見えない原理・原則や価値観を学ぶことを「ルール学習」（Bandura，1977）といいます。このような状態では，人は表面的にルールを守ることを目的とせず，学んだ原理・原則や価値観に従って自発的にルールを守って行動します。この状態を「ルールが内在化された状態」といいます。

　学級のルールは，このようなレベルで獲得させなければならないのです。

❹.「リレーション形成」ワンランク上の対応——普遍化信頼をめざす——

　学級内のリレーション形成におけるワンランク上の目標は，子どもたちの間に，「特定化信頼」を超えて「普遍化信頼」を構築することです（Uslaner, 2003）。

　「特定化信頼」は，集団内部の同質的な結びつきによるものです。日常的に交流し，安定した関係性を保てる特定の相手との間に得られる安心感（これが「信頼感」と誤解されている）を基盤に，内部での信頼や協力，結束力を生み，構成員に協調行動をとらせる社会関係や規範の形成を促します。このように同じ道徳律や価値観をもつ狭い範囲内の人に対する信頼が，特定化信頼です。しかし，これは同時に内部志向であり，強すぎると閉鎖性や排他性につながります。

　それとは逆に，異なる考え方をもつ人，自分の属するコミュニティの外部の人，極端には見知らぬ人とでも価値観は共有できるという考え方に立つのが「普遍化信頼」です。現代のような高度な知識社会が進み，変化することが常になったグローバル化した社会においては，異なる考えをもつ者同士が積極的に交流するなかで，現状を突破するような革新的な考えを生み出していくことが期待されています。このようななかで，そもそも異なる考えをもつ者同士を結びつけるのが普遍化信頼です。

　そして，能力や学習スタイル，好みなどの多様性を前提として推進される特別支援教育では，異質な人に対する寛容さの面から，子どもたちに普遍化信頼を育成することが求められます。自分と似た人に対する特定化信頼だけではなく，自分と異質な人との間にも成立する普遍化信頼の育成が必要なのです。

　したがって，これからの学級内のリレーション形成は，「等質的なグループや人間関係の中でしか行動できず，異質な人々によるグループ等で課題を解決することが苦手で，回避する傾向にある」（文部科学省，2011）現代の子どもたちに，普遍化信頼を育てることを目標としてなされなければならないのです。

　学級という共同体の側面をもつ集団に参加しながら，個人の不安や私的な感情に左右されず，さまざまな特性をもつ人たちと，より開かれた友人関係，開かれたグループでの協同活動の体験学習を通して，協同的にかかわれる能力を育成していくことが，特別支援教育においても強く求められます。

　そのために，前述した❸と❹の「ワンランク上の対応」を踏まえた学級経営が，教員には強く期待されるのです。

インクルーシブ教育の基礎となる学級集団づくり

9-2. Q-Uの活用

❶. Q-Uとは

担任教員が適切な介入を行うためには，学級の子どもたちを対象に学校生活への適応感を調べるツールが有効です。その一つに，『楽しい学校生活を送るためのアンケート Q-U』(田上不二夫監修，河村茂雄著，図書文化)があります。これは，標準化された心理検査で，「Questionnaire-Utilities」の頭文字をとって Q-U と呼ばれています。

子どもたちの学級生活の満足度と学級生活の領域別の意欲・充実感を測定し，「不登校になる可能性の高い子ども」「いじめ被害を受けている可能性の高い子ども」「各領域で意欲が低下している子ども」を発見することに役立ちます。あわせて，学級の子どもの満足度の分布状態から学級集団の状態が推測でき，学級崩壊の予防・学級経営の指針に活用できます。

❷. 特別支援教育を推進するうえでの Q-U の活用方法

障害の有無にかかわらずすべての子ども一人一人の教育的ニーズを把握し，適切な指導および必要な支援を行うことが，教員には期待されています（文部科学省，2012）。通常学級で特別支援教育を推進するうえで，Q-U は二つの方向で活用されています。

一つは，学級生活への満足感が低い子どもを Q-U の結果から見いだすことです。その理由や背景を探るなかで，特別支援教育や個別支援を必要とする子どもを早期発見することにつなげていきます。右図のように，Q-U に含まれる「学級満足度尺度」は，学級内の子どもを二軸の座標上にプロットしてとらえます。学級生活不満足群の子どもは，問題行動が表出し，学級内で自律して生活や活動ができない状態で，個別に特別の支援が求められるレベルにあると想定され，緊急にその子のつらさや問題の解決に向けて介入が必要とされます。非承認群と侵害行為認知群の子どもは，問題行動が表出していなくても，内面に問題を

抱えていたり，不適応感も高まっていたりして，一斉指導や全体の活動の中で個別配慮が常に必要なレベルにあると想定され，早期介入が求められます。これらの3次,2次支援レベルの子どもたちに対しては,適切な支援を行うために,次の①〜④の要因を抱えていないかを吟味します。

①その能力が十分に育成されていない
②情緒的な問題を抱え，行動できない
③環境的な問題を抱え，不具合が生まれている
④器質的な問題を抱え，うまく行動できない

　特に④が疑われる場合には，障害特性に応じた効果的な対応を行うために，専門機関で発達障害についての詳細なアセスメントを行う場合もあります。

　もう一つのQ-Uの活用方法は，特別支援教育の必要性が確認されている子どもが，適応的に充実して学級内で生活や活動できるようにするために，Q-Uを実施し活用するものです。Q-Uに含まれる「学校生活意欲尺度」の結果から，支援が必要な領域の情報を得て，能動的にサポートしていくのです。Q-Uでは，「友人との関係」「学習意欲」「学級との関係」「教師との関係」「進路意識」（小学生は前三つのみ）について把握することができます。

　大事なことは，Q-Uから得られた情報を適切に活用することです。特別支援を必要とする子どもは，いじめ被害を受ける可能性の高い子どもです。特に，教員の日常観察では見えなかった情報が得られた場合は，早急に個別面接などを実施して確認し，確実な支援を行うことが求められます。

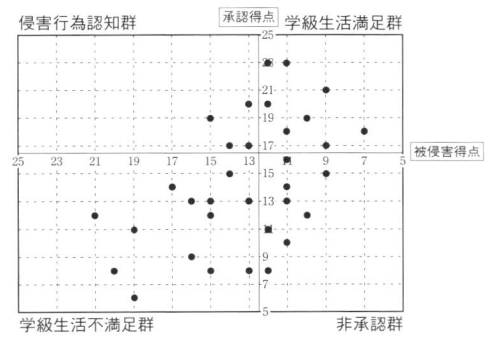

図　「学級満足度尺度」の四群に示される子どものプロット図（例）

教室のコミュニケーションづくり
10-1. 多様性を認め合う
人間関係づくり

❶. インクルーシブな３層対応――全体対応・架け橋対応・個別対応――

「人の中で人は育つ」という言葉があります。日本の学校教育には，集団で生活し，集団で学び合うことを通して，人間関係の中で人を育てるという特色があることを考えると，教員は集団を動かしながらすべての子どもを育てていく術を身につけていかなければなりません。

発達障害のある，または発達障害が疑われる子どもが通常学級に在籍している現状のなか，学級経営を行ううえで重要になるのは，「個を育てつつ周りを育てる」「周りを育てて個も育つ」というように，関係へのアプローチを考えていくことです。

特別支援対象の子どもたちが集団の一員としてしっかりと位置づいている学級の授業では，自然に拍手がわき起こったり，「ありがとう」「大丈夫だよ」「いいよ」「がんばったね」「うれしかったよ」などの言葉がかけられたり，教室内がやさしくてあたたかい雰囲気で満たされます。そんな雰囲気の中で学ぶ子どもたちは喜びを感じながら成長することができるのです。

「特別支援教育がうまくいっている学級（インクルーシブな学級)」をいくつか観察してみると，教員の対応に共通するものがあることに気づきます。個別対応と全体対応の両立に懸命になっている教員は多いのですが，うまい教員は，それらを別々には行っていないのです。個別対応と全体対応が混然一体となっている感じです。

例えば，学級全体に指導するとき，特別支援対象のＡくんに視線をやり，こちらに意識を向けさせてから話す，見ればすぐに理解できる掲示物をさっ

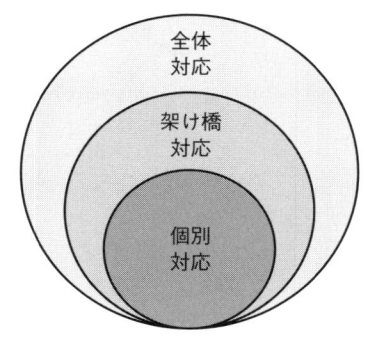

図　インクルーシブな３層対応

と示すなど，全体対応の中にAくんへの個別対応がさりげなく含まれているのです。その際，他の子どもたちが教員とAくんのやりとりを見ていることを意識して対応することで，周囲の子どもたちが自然とAくんを理解したり，対応の仕方を学んだりできるようにしているのです。

本稿では，特別支援対象の子どもたちを学級の中に自然に位置づかせるための教員のこうした対応を，「架け橋対応」と呼ぶことにします。うまい教員はこの「架け橋対応」によって，個と全体を統合しています。これこそが，特別支援を特別にしないためのインクルーシブな視点による教員の対応です。

個別対応と全体対応は別個に行われるものではなく，全体寄りか個別寄りか比重の差はあるものの，学級集団の中で同時に行われるものなのです。

❷．担任の仕事の中心は全体対応。個別対応に偏りすぎない

学級状態がよくないときには，学級担任は全体対応を優先しなければなりません。個別対応の充実は大切ですが，個別対応に偏りすぎて他の子どもたちの学習や生活への支援をおろそかにすることがあってはなりません。

ここでいう個別対応とは，教員が集中的に一対一で対象の子どもに向き合う個別の指導を指しています。個別対応のために，他の子どもたちの自習時間が多くなったり，他の子どもたちに常に我慢することを求めたりすると，しだいに周囲の子どもたちの不満が蓄積し，学級集団そのものが崩れ始めて，個別対応も成立しなくなります。

このような失敗の多くは，学級全体への指導が浸透していないのに，特別支援対象の子どもに時間をかけすぎてしまうことから起きています。初めのうちは全体対応を主に，その中で個（対象の子ども）へ配慮するという架け橋対応だけで十分でしょう。学級の状態がよくなっていくに従って，個別対応の時間は確保されていくものです。

❸．周囲の理解は教員がつくる

子どもが不適切な行動をとった場合に，その理由を教員が理解できないと，ルールの逸脱や不足する部分ばかりが目につき，「わがままな子」「努力不足な子」「わざとやっている子」などと受けとめてしまいます。その思いは学級の子どもたちに伝染します。

周囲の子どもたちが困難を抱える子を承認する視点は，自然にはつくられにくいものです。教員は，困難を抱える子どもの，一見すると不可解な行動の理由をあえて探そうとしなければなりません。頭ごなしの叱責は，行動の理由がわからないばかりか，子どもと教員の関係が切れることにもつながり，指導が入らなくなります。

　教員は，解決を急がずおだやかに，「どうしたの？」と尋ねる習慣を身につけたいものです。理由がわかったら，「だれにでも長所・短所はあるよ」「だれにでもくせはあるよ」「○○くんもがんばっているけど，うまくできなくてつらいんだよ」など，繰り返し伝え，理解されにくい行動の理由を，周囲の子どもたちに理解できるようにかみ砕いて伝えます。教員は通訳であり，代弁者です。子ども同士の架け橋となり，双方の思いをつないでいきます。

　また，意識して観察を続けていると，絵画や造形，演劇，朗読などの表現活動に表れる豊かな感性や，こだわりから生まれる得意分野が発見できることがあります。教員が発見したその子のよさを，他の子どもが気づくように意図的に伝えていくのです。周囲の子どもたちは，こうした教員の受容的な対応をじっと見ていてモデリングすることを心得ておくことが大切です。

　このように，特別な支援が必要な子どもの代弁者，通訳として，学級集団（小さな社会）と子どもをつなぐことをアドボカシー（72ページ参照）といいます。

　インクルーシブ教育がめざす共生社会を実現するためのキーワードは，「多様性（ダイバーシティ）の尊重」です。多様性を認め合うには，相互理解が必要なのですが，メンバー間に考え方や言語の相違があれば，相互理解の大きな障壁となります。この障壁を乗り越えられる程度にまで下げる役割をだれかが果たさなければなりません。特別支援教育において，学級内でこの役割を果たすアドボケイトは担任教員以外にいないのです。

❹．不満を訴えてくる子どもたちを承認する

　周囲の子どもたちの不満やストレスが，困難を抱える子への攻撃や排斥として表面化することがあります。「あの子ばかりずるい」「○○くんが困ることをする」と不満を訴えてくる子どもは，その子自身も何らかの満たされない思いを抱いていると考えたほうがよいのです。周囲の子どもたちのストレスに対して我慢を強いると，不満は大きくなり集団は崩れていきます。

　周りの子どもたちが不満を訴えてきたときには，「それはつらかったね」と思いをくみとり，「よく我慢してくれたね」「いつもありがとう。助かるよ」と感謝を伝え，「がんばっているね」と承認の言葉をかけることが大切です。受け入れがたい行動をとる友人を受容することができるのは，自分自身が十分に周囲から受け入れられ，承認されているときです。

　教員の仕事は，子どもたちの姿をつぶさに見ていることです。「すべての子どもたちのがんばりを見逃さず，声をかける」──これを継続していくと，「この先生の言うことは聞こうかな」と思うようになります。結局，信頼関係がすべての対応の土台となるのです。

❺. 個と全体をつなぐ教員の役割

　「架け橋対応」は，全体と個の両方に意識を向けた教員の対応のあり方なので，特別な支援が必要な子どもが在籍する学級担任の対応は，すべてが架け橋対応であるのが理想的です。

　これまでも，インクルーシブな学級を構築する教員たちは「個と全体をつなぐ」という意識をもっており，それに基づく学級経営を行っていました。

　しかしこうした対応は，全体指導の中に個への配慮が溶け込んださりげないものであったり，個別対応でありながら同時に集団を教育するものであったりするので，一見しただけではわかりにくく，大部分の教員は「私も同じようにやっているつもりなのに何か違う」という思いを抱くことになっていたのです。

　担任がかわり，昨年度と異なり教室内に生き生きと位置づいている対象の子どもを見て，周囲から「職人芸」「神技」と表現される教員がいるのは，架け橋対応がみえにくいことと，それだけ架け橋対応に大きな成果があることを物語っています。

　見えにくいのは，二つ以上の目的をもつ対応が複数の対象に向けて同時に行われているからです。対応の「統合」というよりも「融合」というほうが的を射た表現かもしれません。融合された対応ですから，職人芸と同様に，その構造や方法を言葉で説明するのは簡単ではありません。しかし，「全体対応－架け橋対応－個別対応」という視点があることが理解できれば，融合を意識した対応はだれにでも可能になるのです。

教室のコミュニケーションづくり
10-2. インクルーシブを めざす教員の役割

❶. 特別支援教育に必要な「全体対応と個別対応の統合」

　子どもたちにとって学級集団は，小さいながらも社会です。この学級集団で，障害の有無にかかわらず，子どもたち同士がかかわりあい，ルールに基づいて生活できるようになることが特別支援教育ではめざされています。

　つまり，集団生活・活動を通して，すべての子どもたちに自分の思いや欲求を，社会のルールと他の子どもたちの気持ちと折り合いをつけながら満たしていくスキルを育成していくことが大切です。

　このような学級集団づくりを進めるうえでは，集団全体に目を向けるばかりではなく，個々の子どもたちの個人差にも対応しなければなりません。全体対応と個別対応は，螺旋のように絡まって展開されていきます。

　そこで学級担任は，学級の子どもたちの実態に応じて，次の2点について，具体的な方法論をもつことが必要です。

> ○全体対応の中に個別対応を位置づける方法
> ○特別支援教育の視点を，全体対応のあり方に取り入れる方法

　全体対応の中に個別対応を位置づける方法は，ワンパターンではありません。全体対応と個別対応は相互に独立的に行う場合もあれば，「架け橋対応」(68ページ参照)のように両者をリンクさせながら取り組む場合もあります。

　本節では，両者をリンクさせる一つの方法として，医療や福祉の現場で活用されている「アドボカシー（advocacy：権利擁護)」の応用について紹介します。

❷. アドボカシーとは

　アドボカシーとは，自分の意思をうまく伝えることのできない人に代わって，その人の意思や権利を相手や周りの人に伝える支援です。

　例えば，次のような教室の一場面で考えてみます。

　Ａさん（発達障害のある子ども）とＢさんの間にもめごとが起きている場合，担任はどちらかの味方になったり，どちらの子どもが正しいのかを裁いたりするのではなく，「両者の間の相互作用が非建設的になっている」と考えて，その状況が建設的になるように調整していきます。

　例えば，次のようなぐあいです。

○Ａさんに，いまとった行動を，周りの人はどのように感じるかを伝え，このような場面でどのように行動すると相手が納得しやすいかを伝える。

○Ａさんに，いまとった行動に代わる，望ましい行動の仕方を教える。

□Ｂさんに，Ａさんの思いや行動の背景にある感情を，わかりやすく伝える。

□Ｂさんに，Ａさんが口には出していないがもっている願い，どのようにしてもらいたいかを，わかりやすいように伝える。

　つまり，もめごとが起きている当事者の間に教員が入り，特別な支援が必要な子ども（自分の思いをうまく伝えられない子ども）を中心に教員がアドボカシーを行い，情報伝達や感情を代弁したり，その子が，適切な行動をとれるように援助したりするのです。

❸．アドボカシーの仕方を学習させる

　教員は，当事者の子どもたちの相互の誤解を解き，両者が理解し合い，より適切な行動がとれることをめざして，相互作用が建設的になるように調整していきます。そのプロセスのなかで，教員との直接的なかかわりによって，子どもは，人とかかわるための知識や技術を身につけていきます。また，教員と直接かかわった子どもだけではなく，その様子を周りで見ていた子どもたちも，人とかかわるための知識や技術を間接的に学習することができるのです。

　担任が能動的にアドボカシーを行っている学級では，子どもたちが教員の姿をモデリングして，自分の思いをうまく伝えられない子どもに対して，アドボカシーに基づく行動を徐々にとれるようになっていきます。

　このような学級では，子どもたちが，自分たちで問題解決を行うことができるので，そのなかで，相互理解や，子どもたち一人一人の受容性や愛他性も高まっていき，それが自発的な行動につながり，そのような行動が自然な状態で学級集団全体に定着していくのです。

11. 障害のある子どもへの 合理的配慮

❶. 障害を理由とする差別の解消に関する法律の施行にあたって

　「障害を理由とする差別の解消に関する法律」（障害者差別解消法，以下，解消法）が，2013（平成 25）年に公布，2016（平成 28）年に施行され，内容が明確になりました（以下，抜粋。下線筆者）。

　「〜障害を理由として障害者でない者と不当な差別的取り扱いをすることにより，障害者の<u>権利利益</u>を侵害してはならない」（第 7 条 1）

　「〜<u>社会的障壁</u>の除去を必要としている旨の意思の表明があった場合において，その実施に伴う<u>負担が過重</u>でないときは，（中略）社会的障壁の除去の実施について必要かつ<u>合理的な配慮</u>をしなければならない」（第 7 条 2）

　「〜社会的障壁の除去の実施についての必要かつ合理的な配慮を的確に行うため，自ら設置する施設の構造の改善及び設備の整備，関係職員に対する研修その他の必要な<u>環境の整備</u>に努めなくてはならない」（第 5 条）

　本稿では，解消法を学校教育にどう生かすかを考えます。

❷. 学校における子どもの権利利益と合理的配慮

　解消法を生かす前提として，日本国憲法 26 条「すべての国民は，法律（教育基本法）の定めるところにより，その能力に応じて，ひとしく教育を受ける権利を有する」と，教育基本法第 4 条「国及び地方公共団体は，障害のある者が，その障害の状態に応じ，十分な教育を受けられるよう，教育上必要な支援を講じなければならない」を踏まえることが求められます。

　学校における子どもの主たる権利は「学習権」であり，上記の法律の趣旨から考えると，学習権を侵害しないため（保障するため）に学校で行う合理的配慮（教育上必要な支援）は，当人の「意思の表明があった場合」より以前にスタートする必要があるのではないでしょうか。例えば，学校側の配慮だけでは十分ではないと思われる場合に，「もっとこうしたほうが活動に参加しやすいとい

うことがあれば，遠慮なく伝えてください」と申し出ることです。

　学校の教育活動で解消法の対象となるのは児童生徒なので，意思の表明は保護者が行う場合が多いので，窓口を明確にしておくことが大切です。

　また，学校にとって実施に伴う負担が過重なときは，意思の表明のとおりの配慮を行うことができないこともあります。このようなときも，代替案の選択も含め，柔軟に対応することが望まれます。

❸．社会的障壁と合理的配慮

　合理的配慮は，社会的障壁の除去のために行う配慮のことですから，社会的障壁について理解をしなくてはいけません。

　社会的障壁について，解消法第2条第2号には，「障害がある者にとって日常生活又は社会生活を営む上で障壁となるような社会における事物，制度，慣行，観念その他一切のものをいう」と定義されています。

　「障害を理由とする差別の解消の推進に関する基本方針（以下基本方針）」の「3　合理的配慮　（1）合理的な配慮の基本的な考え方」には，「障害者が受ける制限は，障害のみに起因するものではなく，社会における様々な障壁と相対することによって生ずるものとのいわゆる『社会モデル』の考え方を踏まえたもの」とあります。

　車いすを利用している人が，段差に相対すれば，その段差は社会的障壁で，一時的にスロープを付ける，適切な補助をする等が合理的配慮です。

　読字が困難な人が，むずかしい漢字ばかりの書類に相対すれば，その書類は社会的障壁で，ルビを振る，代読する等が合理的配慮です。

　弱視の人には，小さな文字が社会的障壁，文字を拡大することや拡大鏡の使用等が合理的配慮となり，耳が不自由な人には，口話での会話が社会的障壁で，筆談や手話等が合理的配慮になります。

　発達障害のある子どもにとっては，「慣行（障害のある人の存在を意識していない慣習，文化など）」「観念（障害のある人への偏見など）」が社会的障壁となる場合が多くあります。

　発達障害のある子どもが，やる気がない，わがまま，ていねいさに欠ける（雑），だらしがない，話を聞かない……などと教員に見えても，それが脳の機能による障害特性の場合もあります。このような状態像が子どもの否定的評価とイ

コールになることは，偏見（観念）にあたるだけでなく，本人の自己肯定感を低下させ，二次障害（34 ページ参照）のリスクを高めることにもなります。

　また，授業でよく行われる音読が障壁となる場合もあります。音読は，文字を目で追い，声に出し，その声を聞き，理解するといういくつもの行動を一度に行います。一度に複数のことを行うことに苦手さがある子（モノトラック）の存在を意識していない慣行です。「100 マス計算」が障壁となる場合もあります。これは，多くの視覚的情報から注目すべきところを抽出することに苦手さがある子（非言語性 LD 等）の存在を意識していない慣行ともいえます。

社会的障壁とは？
障害のある方にとって、日常生活や社会生活を送る上で障壁となるようなものを指します。

①社会における事物(通行、利用しにくい施設、設備など)
②制度(利用しにくい制度など)
③慣行(障害のある方の存在を意識していない慣習、文化など)
④観念(障害のある方への偏見など)

などがあげられます。

例　独なかの段差
3センチ程度の段差で車椅子は進めなくなります。

例　書類
難しい漢字ばかりでは、理解しづらい人もいます。

例　ホームページ
すべて画像だと読み上げソフトが機能しません。

図 1　解消法リーフレット（内閣府）

❹．環境の整備と合理的配慮
　環境の整備については，基本方針に「ハード面のみならず，職員に対する研修等のソフト面の対応も含まれることが重要である」とあります。職員の研修等のソフト面の対応とは，社会モデルでいう環境因子の中の人的環境を指します。つまり，環境因子（物的環境，人的環境，社会環境）を整えることが，「環境の整備」と考えればよいでしょう。

　学校では，障害のさまざまな特性からくる「困り」について学び，その困りを軽減するための配慮を知るための職員研修を行うことや，規範意識が高く，多様性を認め合う友人が多数いる学級経営を行うことが，社会的障壁をなくすためのソフト面の環境整備だといえます。

❺．合理的配慮を行うための環境の整備としての学級経営のあり方
　学校や学級で，合理的配慮により社会的障壁を個別に除去することも必要ですが，個別の配慮がいじめや差別という 2 次的な社会的障壁と相対する可能性を高める場合もあります。規範意識が低く，友人との肯定的なかかわりがむず

かしい学級で，特別なアイテムを使用したり，個別の働きかけをしたりすると，「そんな道具を使って，おかしい」「そんなこともわからないの？」というような発言が出やすいことは，容易に想像ができます。このような状態の学級では，通級による指導や特別支援学級の利用にも，同様のリスクがあるでしょう。

　2次的な社会的障壁に相対させないように学級経営をすることは，解消法でいう「環境の整備」にあたります。親和的な学級では，個別の配慮がいじめや差別を誘発する可能性が少なくなることは，言うまでもありません。

　また，規範意識が低く，おしゃべりが絶えない騒々しい学級では，聞き取りが困難な子（大勢の中で特定の声を聞き分けることがむずかしい子，注意が次々に移るため傾聴がむずかしい子等）に，メモを渡したり，後から個別に伝えたりする個別の配慮が必要です。しかし，規範意識が高く，静かに話を聞くことができる学級では，困りが最小限になり，個別の配慮の必要がなくなる場合もあります。

　書字の困難さがありノートのマスから文字がはみ出てしまう子だけに，大きなマス目のノートの使用を認めることは合理的配慮です。しかし，だれでも使いやすいマス目のノートを使ってよい学級では，そもそも「マス目の小さなノート（社会における事物）を使うルール（制度）」というような社会的障壁に相対することはありません。

　このような，さまざまな子どもの存在を意識した学級経営は，社会的障壁が少ないインクルーシブな学級経営（ユニバーサルデザイン教育）であり，ソフト面の環境の整備が充実しているといえます。

　成長の途中にある子どもが必要とする配慮の内容は，固定的ではありません。困りが軽減したり，困りを克服する能力やスキルが向上すれば，必要な配慮の内容も変わります。これも教育に期待されるところです。

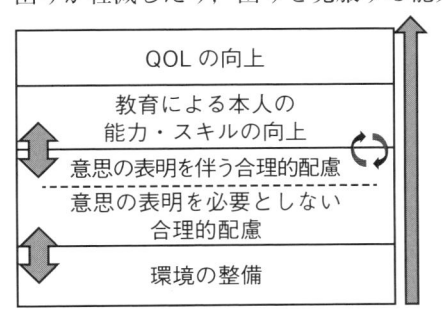

図2　教育と合理的配慮のイメージ

　共生社会の担い手となる児童生徒の育成のため，親和的な学級を含めた環境の整備をもとに，合理的配慮の提供と並行して，個の能力やスキルアップを図ることが，解消法における学校や教員のめざす姿ではないでしょうか。

12. 小学生の発達特性と 障害特性に応じた支援

❶. 小学生の発達段階による特徴

　小学生の心理発達上の課題は，年齢によって大きく異なります。

　低学年では，幼児期の課題を引きずっているケースが多く，よくみられる課題として一つには，保護者が近くにいないと安心感を得にくい母子分離不安があり，もう一つには，自分に関することと他者に関することの区別や関係性が理解できない自己中心性があります。特に後者の問題は，集団行動ができない問題（小１プロブレム）として，学校現場ではその対応に苦慮しています。

　中学年では，親への心理的依存はそのままですが，親子関係は徐々に離脱傾向を示します。いっぽうで友人との関係を大事にし，遊びでも友人の間で秘密を共有し，強いわれわれ意識をもって行動するようになります。それがときに反社会的な行動となって表れることから，「ギャングエイジ」と呼ばれてきましたが，この傾向が，近年の子どもたちにあまりみられなくなってきました。

　ギャングエイジでの体験は，友人関係を形成するソーシャルスキルの基礎になるため，体験を十分にしていない児童はソーシャルスキルが未熟で，一体感の強い友人関係をうまく形成することがむずかしくなります。

　高学年では，思春期に入りはじめ，第２次性徴が現れる身体的変化とともに，自我のめざめから親や教員という権威に反抗する（第２反抗期）傾向がみられるようになります。このようななかで，友人と秘密や悩みを共有することで，葛藤や悩みを自己受容できるようになっていきます。しかし，ギャングエイジの体験が不十分な児童は，深い友人関係を形成することができません。そのため，友人とのかかわりの中で思春期の悩みを自己受容できず，外の社会に開かれた柔軟な自我形成ができづらくなる傾向があります。

　発達障害のある児童は，周囲の子どもたちと発達のレベルやバランスが異なることで，学校生活などに支障をきたすことがあり，２次，３次的な支援がより必要となります。

❷．発達段階を踏まえた支援のポイント

　低学年では，集団行動がとれるようになることが大きな目標となります。そのために，ソーシャルスキルをルールとして獲得させます。ルール獲得は，以下の①〜④の順に進めていきます。

①安全に生活するためのルール
②学校生活のルール
③集団活動をするときのルール
④友達とかかわるときのルール

　ルールをわかりやすく説明するためには，ジェスチャーやマークなどで視覚化することも有効です。特に，衝動性の強い児童は待ったり我慢することが苦手なので，ルールの確認や練習を個別に行うことも必要になります。ルールを守れたり，適切な行動がとれたりした場合には，タイムリーにほめて，その行動を強化するとともに児童のやる気を喚起します。児童同士でほめ合う場を設定して強化することも有効です。

　中学年では，仲間意識や規範意識が高まります。違いが悪い意味で目立ってしまわないような指導の工夫が必要になってきます。仲間に入らない，みんなと同じようにしないなどの行動を他の児童がうまく受容できないと，特別な支援を必要とする児童に対して，排他的な対応をとってしまうことがあります。適切なかかわり方を具体的に学習させることが大切です。

　例えば，仲間うちの遊びで失敗することが多い児童に対して，責めるなどの排他的な対応が見受けられた際には，「友達が一生懸命やって失敗したときには『ドンマイ』という声がけをクラスの合言葉にしよう」など，行動の意味を理解させ，具体的な声のかけ方を示すのです。さらに，学級の活動に，かかわり方の練習（ソーシャルスキルトレーニング）を取り入れることも有効です。

　高学年の子どもでは，ギャングエイジの体験不足の場合は，友人とのかかわりがうまくいかず，けんかが起きても折り合いがつけられない，度を越したふざけ方をしてしまうなどの問題が起こります。このような児童は無視やからかいなどいじめのターゲットになるリスクが高く，より注意が必要になります。

　学級担任は学級内の人間関係を注意深く観察しつつ，特別な支援を必要とする児童とその他の児童の双方がよいかかわり方をとれるように，学級でソー

シャルスキルトレーニングなどを行います。

　なお，特別な支援が必要な児童の指導にあたっては，担任が一人で抱え込まず，個々の児童に対する配慮等の必要性を校内で共通理解し，教員間の連携に努めることが大切です（18 ページ参照）。

❸．授業場面での支援のポイント

　発達障害のある子どもの様子は多様ですが，ここでは高い頻度で報告されているケースをとりあげ，状態と支援のあり方について解説します。

①注意欠陥多動性障害（ADHD）の児童の場合

　ADHD（30 ページ参照）の特性から，教室内の掲示物やロッカーの荷物，窓の外など，目についたものに次々と注意がそれてしまう児童がいます。授業から注意がそれてしまうと，その児童の学習が遅れてしまうだけではなく，歩き回りや教室の飛び出しにつながります。

　特に注意が必要な場所は，音楽室や図工室などです。児童が楽器や展示物などに気をとられた結果，衝動的に触りに行ってしまう，教員の指示を聞かず適切に行動ができない，といった場面が見受けられます。また，着席位置が決まっていない場合，どこに座ればよいかとまどってしまう児童もいます。専科の授業は学級担任が担当しない場合もあるため，ふだんより落ち着かない児童や試し行動をとる児童もいて，教員は対応に苦慮することもあります。

　支援方法として，児童と落ち着く場所を相談して，座席を教室前方の中央にするなど，他の児童や周りの環境からの影響を最小限にし，注意がそれたときには教員がさりげなく支援できるようにする，といった工夫も考えられます。

　また，「授業中に自分のタイミングで突然発言してしまう」児童の場合，行動の原因として，発言のタイミングが考えられない，あるいは，話したいという衝動性が抑えられないことが考えられます。

　支援のポイントは，授業に関係する内容であることは認めつつも，発言をしてよいタイミングではないことを簡潔に示し，いつなら発言をしてよいかを具体的に伝えることです。「あとで手を挙げてくださいと言うから，それまでに考えをまとめておいてね」といった言葉がけは，対象児に対しても，集団に対しても有効です。平等に指導することで，すべての児童が不公平感を感じることが少なくなります。

②自閉スペクトラム症（ASD）の児童の場合

ASD（28 ページ参照）の児童が，周囲の児童の元気な声や動きが過剰な刺激となって対応しきれず，また教室内には落ち着ける場所がないので，パニックを起こすことがあります。特に低学年で「小 1 プロブレム」が起こっているような学級では，教室内で歩き回る児童，大きな声で騒ぐ児童がいると，ASDの児童も落ち着きをなくしてパニックを起こし，その様子に別の児童が驚き，教室内が混乱するという悪循環に陥ってしまうことがあります。

ASD の児童が，体育の授業中に困難さを示す場合もあります。

例えば，笛や空砲などの音が苦手で耳をふさいだりしゃがみこんだりする，手をつないだり触れ合ったりする動作ができないなどのほか，口頭の指示をよく理解しないまま動き出して，周囲を混乱させてしまうこともあります。

支援のあり方として，できるだけ苦手な刺激を避ける，クールダウンできるスペースを用意しておく等の配慮が求められます。

③学習障害（LD）の児童の場合

LD（27 ページ参照）の児童が，ボールを用いた協調運動などを苦手とするケースも少なくありません。そういう児童が，チームが試合で負け続けてしまうなどの理由で，同じグループになるのを避けられてしまうことは少なくありません。

支援のあり方としては，その子が参加しやすくなるための配慮を行うとともに，失敗した児童に「ドンマイ」と声かけができる関係性を学級内につくっていくなど，日ごろの指導の積み重ねが大切です。

また，読み書きが苦手で教科書の音読が不自然な読み方になってしまう児童の場合，原因の一つに，文章を見て瞬時に言葉のまとまりがわからないことが考えられます。配慮の一例として，言葉の区切れ目に斜線を引いたプリントを事前に渡しておくことが有効な場合があります。

音読の苦手は，国語をはじめその他の学習への苦手へとつながります。こうした配慮によって，苦手な部分の予防につなげることが大切です。

❹. 授業以外の場面（特別活動等）での支援のポイント

特別活動は，「集団や社会の形成者としての見方・考え方を働かせ，様々な集団活動に自主的，実践的に取り組み，互いのよさや可能性を発揮しながら集

団や自己の生活上の課題を解決することを通して」「資質・能力を育むことを目指す」教育活動です（文部科学省，2017）。特別活動（学級活動・児童会活動・クラブ活動・学校行事）は，授業に比べて苦手意識も少なく楽しんで取り組むことができる児童が多い半面，「様々な集団活動に自主的，実践的に取り組む」ことが苦手な児童にとっては，困難さを感じる場面が少なくありません。

　学級活動では，係活動や当番などの仕事がうまくできない場合があります。要因は，自分の担当だと認識できていない（仕事がわかっていない），係であることを忘れてしまうことなどが考えられます。しかし，周囲からは，さぼっている，怠けているととらえられてしまい，きつく対応されてしまうことがあります。すると係活動ができない困難さに重ねて，学級のメンバーとの関係がうまくいかない2次的な困難さが生まれてしまいます。

　支援のポイントは，中学年ごろから係活動などにグループ活動を積極的に取り入れ，人と一緒に活動するスキルを体験学習できるようにすることです。

　児童会活動では，役割についての経験不足や活動の意義をきちんと理解していないことから，リーダーの行動や態度がとれない場合があります。高学年の委員会活動では，活動の際にグループでうまくコミュニケーションがとれず仲間に入れなかったり，活動自体をうまく遂行できなかったりします。

　支援のポイントは，低学年から「○○リーダー」と，小さなことでも一人一人にリーダーとしての役割を与え，責任を果たす練習に取り組ませることです。

　クラブ活動では，不器用さや集団活動の苦手さから，他の児童と同じような行動や態度がとれないことが考えられます。異年齢活動であり，他の学級の児童とかかわるため，周囲に対象児の特性が理解されていない場合が多く，活動回数も頻繁にはないため，なじめないうちに，年少の児童から見下されてしまう事態も考えられます。

　支援のポイントは，事前に，活動内容の概略を説明したり，個別支援を行い，自信をもって活動できるようにしたりすることです。

　学校行事では，ふだんと予定や環境が変わりパニックになる，集団行動ができないといった場合があります。入学式や始業式等の儀式的行事や林間学校等の宿泊行事では，リハーサルの機会が少なく，時間的見通しがもてない場合もあり，ASDの児童にとっては非常に落ち着かない時間になりがちです。

　支援のポイントは，事前に前年度のビデオを見せて，活動内容のイメージを

もたせるなどの個別支援を行うことです。

❺．支援の実際

　以下，具体的な児童の状況をもとに，支援の実際を説明します。

集団場面での支援　ADHD の児童の事例

状況：毎日忘れ物を繰り返す。周囲からは障害が見えづらいため，忘れ物が
　　多いのは「本人がだらしないのではないか」と思われてしまい，人間関係
　　がギクシャクしている。

考えられる原因

・準備中に注意が違うもの・ことへ向いてしまい，指示を聞き逃す。

・記憶力が弱く，忘れてしまう。

支援のポイント

・宿題や持ち物はチェックリストで渡す（または連絡帳に書かせる）。

・取り組みは対象児だけでなく，学級全員がチェックリストで確認する。

・可能であれば，保護者に依頼し，連絡帳を確認しながら，児童と一緒に持
　ち物の準備をしてもらう。

個別場面での支援　ASD の児童の事例

状況：集会の時にパニックになってしまう。

考えられる原因

・予定外のことには，ちょっとしたことでもとまどってしまう。

・見通しがもてないと極度に不安になってしまう。

支援のポイント

・時間割に変更がある際には，個別に変更の内容を書いたメモを渡す。

・集会の内容と終わりの時間を（余裕をもって）伝える。

・事前に，全員に活動の流れを黒板に書いて説明する。対象児には個別にメ
　モを渡し，より具体的に説明するなどの配慮をする。かつ，集会時には教
　員が付き添うなど個別支援を行う。

13. 中学生の発達特性と
障害特性に応じた支援

❶. 中学生の発達段階による特徴

　中学生の時期は思春期と重なります。思春期は，第2次性徴による身体的変化，自分や家族を客観的・論理的にみることができるようになる心理的変化という心身両面の急激な変化にさらされ，不安定な状態になりがちです。

　生徒はこれらの変化から生じる悩みや葛藤に対して，自分を特殊視し，一人で悩むことが多くなります。自我のめざめから，親や教員という権威に反抗する（第2次反抗期）ことを通して自分を見つめ，価値観や生き方を確立していく過程をとるので，大人に相談することも少なくなります。

　そして，大人との関係よりも，友人との関係性に強い意味を見いだし，友人との交流の中で秘密や悩みを共有し合うことにより，葛藤や悩みをもちつつ生きていくことを自己受容できるようになっていくのです。

　友人との関係性がより重要であり，友人など他者からの評価に最も敏感になるため，対人関係の不安から，他者との交流に消極的になる傾向もみられ，孤立やひきこもりにいたる場合があります。不登校の割合が増加する傾向にある時期（中1ギャップ）なのです。

　いっぽう，孤立する不安から，過度に友人集団に同一化する傾向も高まります。集団の中で暗黙に認められた規律や価値観，行動様式に従わなければならないとする同調圧力（ピアプレッシャー）が働く結果，特定の集団を形成する生徒たちが，みな同じような考え方や行動をとるようになるのです。

　特別な支援を必要とする生徒も例外ではありません。しかし，他の生徒たちに比べて学習活動が遅れてしまうことなどを過度に気にする傾向がある一方で，学校生活では周りの雰囲気に合わせようとする意識はあまりなく，友人とうまく関係を築くことがむずかしいといった傾向もみられます。そのため，2次的，3次的な支援がより必要となります。

❷．発達段階を踏まえた支援のポイント

　中学校に在籍する生徒のうち，担任教員が「知的発達に遅れはないものの学習面又は行動面で著しい困難を示す」と感じる生徒は約4％いるといわれています（文部科学省，2012年）。生徒が不登校になっているケースや，生徒が周りの目を気にすることで，教員の目からも気づかれにくくなっているケースを考えると，さらに多くの生徒が支援を必要としていることも推測されます。

　そのため，中学校では特に，特別な支援が悪い意味で目立ってしまわないように，その生徒の特徴に応じた支援を行うことが求められます。支援のポイントとして次の3点は不可欠です。

---

①行動パターンにいくつかの選択肢を用意しておく。
②内面のつらさについて相談できるカウンセラーなどとつなげる。
③教員集団で生徒の情報を共有しておく。

---

❸．校内外の連携による支援のポイント

　中学校は教科担任制であり，一人の教員が，担任をしている学級や生徒にかかわる時間が小学校と比べて少ない一方で，かかわる教員の数は多くなります。そのため，特別な支援を必要とする生徒に対して連携して対応できるように，その生徒の状況や様子などの情報を，かかわる教員たちが確実に共有できるようにする必要があります。校内連携や外部連携の充実が不可欠です。

　校内連携では，特別支援教育コーディネーターを中心に，特別な支援を必要とする生徒の個別の教育的ニーズを教員集団で理解し共有する事例検討会を，例えば2カ月に1回など定期的に開催します。そのなかで，個々の教員のもつ観察データが統合され，生徒の実態を，教員各自がより立体的に理解できるようにしていきます。前提として，学年会をさらに多くの頻度で定期的に開催し，情報共有することは不可欠です。その際，担任が率直に悩みを話せる雰囲気であることが何よりも大切です。

　外部連携では，特別支援教育コーディネーターを窓口とし，専門的なサポートにつながる関係機関（教育委員会に設置された巡回相談や専門家チーム，医療，福祉，スクールカウンセラーなど）と連携します（20ページ参照）。組織的でこまやかな対応のためには，教員にも，支援方法などを知識として理解し

ておくことが求められます。

❹. 授業場面での支援のポイント（体育の場合）

中学校の授業は教科担任制で，教科ごとに授業の流れや授業環境が違うなどの多様さがあります。教員ごとに異なる授業の構造，展開，参加する際のルールなどが理解できず，生徒が学習に支障をきたしてしまう場合もあります。

また，さきに述べたように，友達同士の関係性が強くなる中学生は，ピアプレッシャーが大きくなります。グループでの学習や活動の際に，暗黙のルールや価値観を意識できないことで集団に受け入れられず，グループ学習や活動の参加に支障をきたしてしまう場合があります。

次に，中学校の授業の特性と，それを踏まえた特別な支援を必要とする生徒に対するサポートのあり方を，中学生が特に苦手意識をもちやすい体育の授業を例にあげて説明します。

体育に苦手意識をもちやすい理由は，一つには，種目によっては，けがに対する恐怖感を伴うことがあげられます。また，能力差が表れやすいため，他者と自分を比べる傾向の強い生徒にとっては，失敗を過度に気にする場合があります。さらに，勝敗の絡むチーム競技では，勝ち負けへのこだわりや，プレッシャーを感じる可能性が高まります。

運動協調性に苦手のある生徒に対しては，特にけがや不適応の原因をつくらないための配慮が求められます。

以下に具体的な支援法をあげます。

・「恐怖が伴う」ことへの対策

課題の設定をその子のニーズに合ったものにできるよう，いくつか能力別に目標を設定し，自分でできるレベルの目標を選べるようにします。スモールステップで活動を完結させ，少しずつ自信をつけさせるのです。

・「能力差が表れやすい」ことへの対策

みんなと同じようにできないことが，悪い意味で目立たないようにする対策が必要です。例えば，運動遊びや単純なゲームを，体育の学習活動の中に取り入れ，楽しみながら運動に取り組めるようにするといったことです。基本の運動を中心に遊びの要素を入れた活動を行い，自然に反復練習ができるように学習内容を工夫することも求められます。

　また，生徒が1単位時間の授業にフル参加できる体力や集中力がないような場合は，授業を分割的に構成するなど，短時間ずつ多様な授業形態に参加できるように工夫します。

・「勝敗が絡むもの」への対策と具体例

　苦手な生徒も楽しめるようにルールや教具を工夫したり，競争的な運動のなかにも協力的に学習できる場面を設けたりします。順位や勝負の結果よりも，がんばった過程や，その生徒の個人内目標の達成度を評価する場面を意識的に設定していきます。その際，公平な態度やスポーツマンシップの大切さを伝えることは大事です。

　以下，体育における支援の具体を，二つみていきましょう。

　まず，中学2年生のAさんは，注意欠陥多動性障害（ADHD）と診断されています。体育の授業でチームプレイを苦手としています。原因として，協調運動の苦手さがあり，特に団体競技において積極的にかかわれないことと，感覚の過敏さと注意をコントロールすることのむずかしさから，大勢の人や広い場所等の環境に混乱してしまうことの二つが考えられました。

　そこで，授業での配慮として，以下の二つを実施しました。

　一つには，授業の構成やチームでの役割に配慮し，参加する時間やポジションも工夫しました。

　もう一つは，生徒全員にチーム競技における公正な態度の共通理解を促し，学級に勝ち負けだけにこだわらない雰囲気を形成しました。

　次に，中学2年生のBさんは，自閉スペクトラム症（ASD）と診断されていて，競技中に友人ともめることが多くありました。原因として，ルールを十分に理解できていない（自分なりに納得している）ことと，自分の感情をうまくコントロールできていないことの二つが考えられました。

　そこで，個人への配慮として，以下の二つを実施しました。

　一つには，ルールの説明や指示は情報機器（50ページ参照）などの活用により実際の場面を見せながら行い，ゲームを始める前にも，事前に個別にルールの確認を行いました。

　もう一つは，負けそうになるなどしてカッとしたときの対処法として，気持ちを落ち着けるための具体的な方法と，クールダウンする場所などを，事前に

Ｂさんと話し合い，決めておきました。

❺．授業以外の場面（特別活動等）での支援のポイント

　特別活動（学級活動・生徒会活動・学校行事）は，その時間の多くが集団活動で構成され，「様々な集団活動に自主的，実践的に取り組む」ことが目標に掲げられています（文部科学省，2017）。

　しかし，特別な支援を必要とする生徒が，グループ学習や集団活動への参加の仕方・状況を適切に把握して，自主的，実践的に行動することに困難を示すことは少なくありません。そこで次のような配慮が求められます。

①学級活動

　集団生活や集団での問題解決に，どの生徒も自主的，実践的に取り組めるように，障害特性などから生じる困りをサポートすることが必要です。

　学習指導要領の 2017 年改訂において，「特別活動を要として，学校教育全体を通してキャリア教育を適切に行うこと」が示され，子どもたちの自治的な活動や，それを行うための能力開発を促進していくことがますます求められています。話し合いや問題解決のスキルなどを育てていくことが大切です。

②生徒会活動

　生徒会活動では，小学校の内容を踏襲しつつ，中学校ではボランティア活動などの社会参画にかかわる活動が加わります。特別な支援を必要とする生徒に対しては，学校の外での活動の仕方や，初めて接する人への対応の仕方，環境の変化に対する配慮などが求められます。

③学校行事

　学校行事では，勤労生産・奉仕的行事の中に職場体験が加わり，旅行・集団宿泊的行事の数も小学校より増えます。自分たちで行動計画を立てるなど，生徒には活動への主体性が求められる場面も増えるため，新たな環境や集団でも安心して活動できるようにするためのサポートが求められます。

　例えば，職場体験では，その日に行う仕事の内容や流れを事前に体験先と打ち合わせ，生徒が具体的にイメージできるように伝えておくなどの配慮が求められます。

❻．支援の実際

　以下，具体的な生徒の状況をもとに，支援の実際を説明します。

| 集団場面での支援 | ASD の生徒の事例 |

状況：中学2年生のAさんは，宿泊行事をきっかけに欠席するようになり，不登校の状態が続いている。

考えられる原因

・集団で活動する行事などにおいて，普段と違う行動をとることができず，混乱してしまうことがあった。

・宿泊行事などにおいて，普段活動している環境との違いや，集団で活動する時間が普段の生活より多いことがストレスとなった。

支援のポイント

・担任と特別支援教育コーディネーター，特別支援教育支援員が中心となり，安心できる人間関係の早期の構築をめざす。

・集団活動場面では活動の選択肢を用意するなど，本人に無理なくできることを選ばせ，生徒が活動を続けられない状態になった際には，クールダウンの方法や環境をあらかじめ決めておき，生徒に選択させる。

| 個別場面での支援 | ADHD の生徒の事例 |

状況：中学1年生のBさんは，儀式的行事の際にじっとしていられない。

考えられる原因

・人数の多さに落ち着かなくなる。

・長時間にわたりじっとしていることがむずかしい。

・儀式的行事における目的や流れを理解できていない。

支援のポイント

・席を立ちたくなったときの対処法などをBさんと事前に話し合っておく。

・活動に見通しをもたせる。例えば，活動を行う流れを可視化して，あとどれくらいかをわかりやすく示す，休憩時間やみんなで体を動かせる時間を設ける，などの配慮を必ず行う。

14. 高校生の発達特性と障害特性に応じた支援

❶. 高校生の発達段階による特徴

　高校生の時期は青年期と重なります。青年期は，自分の将来や得意なこと・苦手なことを，自身の役割や立ち位置に応じて考え，さまざまな活動に没頭しながら試行錯誤する時期です。

　このような過程は「自我同一性（アイデンティティ）の獲得過程」と呼ばれます。高校3年間の時期にこそ，中学校までの発達でクリアできなかった問題に仲間と共に向き合い，乗り越え，一人一人の個性や生き方（キャリア）の視点がより明確になっていくように支援することが求められます。多様な仲間たちと自他の違いを認め合いながら協同作業するなかで，活躍できる場面を意図的に増やしながら，生徒たち自身が自己理解を深めていくことが重要です。

　高等学校に通う発達障害のあると推定された生徒の進学者全体に対する割合は約2.2％であり，内訳は全日制課程で1.8％，定時制課程で14.1％と，課程によって差がある状況が明らかとなりました（文部科学省，2009）。

　進学校では，「発達障害があっても学力が高い場合がほとんどであり，配慮の必要性を感じない」といった見解もありますが，社会的な自立を見すえて，ライフスキルやコミュニケーションの支援が重要となるのも，高校生の時期です。高等学校は学校のタイプ※注によって，特別支援教育に対する生徒のニーズや教員の意識や支援にも学校間差があることが予想されます。

※注）河村・藤原（2010）は，卒業生の大学進学率に基づき高等学校を以下の3タイプに分類した。

名称	卒業生の大学進学率
進学校	80〜100%
進路多様校	20〜79%
非進学校	0〜19%

❷．学校のタイプを踏まえた支援のポイント

　次の2点は，学校のタイプにかかわらず，高等学校において不可欠な支援です。

　一つは，「仲間づくりの支援」（集団内の居場所づくり）です。

　教員に求められる生活面での支援として，集団内にその生徒の居場所があり，学校生活を安心して送れること，があげられます。

　例えば非進学校の実態に合わせた目標として，集団から孤立して退学してしまう生徒を出さないための支援を考える必要があります。指導のポイントは，入学当初からの生徒間の「早期のリレーションづくり」です。

　具体的には，入学時オリエンテーションで簡単な構成的グループエンカウンター（SGE）やソーシャルスキルトレーニング（SST）を実施して，「安心して学校生活を送れそう」といった正の感情を生徒にもたせることです。

　また，学年全体で実生活のスキルに関する学習機会を設定し，社会的自立に必要なスキルを習慣づけることで，周囲の生徒と発達障害がある生徒との関係性の悪化を防ぎ，適応につなげていくことが考えられます。

　もう一つは，小さな成功体験を積み重ねる「学習支援」です。

　特別な支援が必要な生徒については，学習において高い能力を発揮する生徒がいる一方，特定の教科や学習全般に大きなつまずきを示す生徒がいると予想されます。このような生徒への学習面での配慮としては，「将来を見越した学習内容の重みづけ」があげられます。

　指導のポイントは，学校教育終了後に社会生活で必要とされる力は何か，どこまでの力を身につける支援をすればよいか，といった将来を見越した学習目標を生徒自身や保護者と設定し，その生徒に無理のない範囲で成功体験・達成感が得られるよう支援することをめざします。そして，学習の中で本人が自分の得意なことと苦手なことに気づき，自己理解を深められるよう，教員がさりげなくフォローするようなかかわり方が求められます。

❸．校内外の連携による支援のポイント

　学校のタイプにかかわらず，校内外の連携による支援は必要です。

　高等学校は専門教育に重きが置かれ，小・中学校と比較して，全体的に特別支援教育の推進が不足していることが明らかになっています。そこで，特に重要になるのが，「特別支援教育コーディネーターがどのように機能しているか」

です。

　例えば，必要に応じて中学校の教員と連絡をとり合い，小・中学校のころの行動記録，支援計画資料などの引き継ぎを行い，教員および外部の専門家らと情報共有することが望まれます。さらに，全教員向けに特別支援教育に関する勉強会を定期的に設けて，教員の苦手意識を少なくし，生徒とかかわる方法を増やしていくなどの取り組みも必要です。

　出口支援として，「高等学校・大学連携の視点」も重要です。例えば，生徒が高等学校から大学へ進学する際，「支援に関する情報をだれにつなげればいいのか窓口がわからない」という声が聞かれます。大学の事務などにつなぐのではなく，顔の見える相手（大学側の特定の支援員など）に生徒を確実につなげていく支援が必要になります。

❹．学校タイプを踏まえた授業場面での支援のポイント

　高校生の発達段階による特徴と，それを踏まえた特別な支援を必要とする生徒に対するサポートのあり方を，高等学校の学校タイプ（進学校・進路多様校・非進学校）の違いから説明します。

　高等学校では，小・中学校に比べて学習内容が高度になり，幅広く，かつ多くなっていきます。それが最終的には個々の生徒の学習態度の温度差へとつながってしまうのです。

　特別な支援を必要とする生徒が，特定の教科には熱心に取り組む一方，不得意教科はあまり勉強せず，授業場面でも嫌な感情をストレートに表出するなど，セルフコントロール面で問題を抱える場合も出てきます。

　進学校においては，学力の問題がある発達障害の生徒が少なく，現場の教員の問題意識も高くないために，このような生徒に対しても対応があいまいにされがちです。しかし，授業のルールを逸脱しない発言の仕方や，友人を傷つけないものごとの頼み方などを，授業場面など，様々な活動を通して指導していく必要があります。

　進路多様校においては，中学校における指導と似ている部分が多くあります。授業場面では積極的にグループ活動を取り入れ，「一体感をもってみんなで活動できた」という自己肯定感を育てながら，自分のキャリア選択に結びつくように学習へのモチベーションを高めていく必要があるでしょう。

　非進学校においては，小・中学校の段階で学習に対する自己肯定感が大きく下がり，劣等感を強くもってしまった生徒も多くいます。授業に対するモチベーションがとても低い場合が多いものです。教員は，必要に応じて，時間を区切って個別作業を地道に進めるなど，短時間で達成感が味わえるような授業形態をとることも支援のポイントになります。

　特別な支援が必要な生徒は，暗黙のルールや言葉の裏の意味，非言語的なサインを理解することがむずかしいこともあるため，授業中の発言が，他の生徒から異質と思われたり，ルールからはずれていると感じられたりすることがあるかもしれません。その際は，「教員が生徒の翻訳係として機能すること」が大切です。具体的には，「○○さんの言いたいことはつまり，〜〜ということではないでしょうか」と，発言にさりげなく言葉をそえるのです。

　また，生徒本人に対しては，それぞれの場面では実際にどうふるまうべきであったかを，場面ごとにタイミングを逃さず，個別にていねいに教えることが大切になります。特別な支援を必要とする生徒の障害特性を理解し，それに応じた的確な支援が求められるのです。

❺．授業以外（特別活動等）の場面での支援のポイント

　授業以外の場面での支援についても，高校生の発達段階による特徴と，それを踏まえた特別な支援を必要とする生徒に対するサポートのあり方を，高等学校の学校タイプの違いから説明します。

　サポートの一つめは，ソーシャルスキルを再学習する機会を提供することです。

　特別な支援を必要とする生徒においては，小学校段階で学習するスキルがまだ身についていなかったり，うまく発揮できていないために，行事・生活場面での集団行動がとれない場合があります。そのような生徒には，あらためて基礎・基本となるスキルを体験的に学習させることが必要です。

　ただし高等学校では，小・中学校のときと同じ要領で教えていくのではなく，最近の流行や高校生の日常のテーマを取り入れ，生徒のモチベーションを下げずに，自尊心を守りながら学習できるように工夫することが大切です。

　二つめは，本人のキャリア形成を視野に入れながら，それに応じたスキルの目標を設定することです。生徒の描く将来像によって，身につけるスキルの目

標が変わってくる可能性があります。

　具体的には，進学校や進路多様校においては，上級学校への進学を視野に入れながら，将来さまざまな職業に就くことを見越して，汎用的なコミュニケーションスキルや，段どりをつけて仕事を進めていくような計画スキルを指導することが必要となってくるでしょう。いっぽう，非進学校においては，就職や一人暮らしを念頭に置き，基本的生活習慣において活用されるライフスキルを，確実に身につけさせていくことが重要となってきます。

　次に，集団場面におけるソーシャルスキル等の指導の仕方について例をあげて説明します（個別場面での支援は，次ページ参照）。

　集団場面においては，ソーシャルスキルトレーニング（SST）や構成的グループエンカウンター（SGE）の技法を用いて，ショートホームルームやホームルーム活動の時間に定期的にスキルトレーニングをしていくと効果的です。その際は，生徒が所属する学校タイプや，生徒たちのキャリア形成に応じたスキルを目標に設定する必要があります。

　例えば，非進学校でのスキルの設定として，「あいさつ・おわびやお礼のスキル」「電卓を活用してお金の計算をするスキル（LD の生徒の場合）」「電車などの交通手段を使い一人で移動するスキル」などがあげられます。

　あたりまえにできると思われがちなスキルですが，特定の分野につまずきをもつ生徒にとって，このようなスキルに困難をもっている場合があります。定期的に繰り返し取り組み，確実に身につけさせることが大切です。取り組み方を変化させ，いかに単調にならず，意欲的に取り組ませることができるかが，教員の力量にかかっています。

　進路多様校や進学校でのスキルの設定としては，「他の人から指摘されたことについて，感情的にならずに事務的に対応するスキル」などがあげられます。

　ポイントは，だれにでも将来に役に立つスキルとして，トレーニングをすることへの価値づけを，意識的に伝えることです。「メモをとりながら指示を聞くスキルや，わからないことを自分から質問して，聞いたらお礼を言うスキルは，将来，みなさんが仕事をする際に職場で人とかかわるうえで，大事になってくるスキルです」というぐあいです。

❻. 支援の実際

　以下，具体的な生徒の状況をもとに，支援の実際を説明します。

|個別場面での支援|　LD（学習障害）の生徒の事例（高校1年生）

状況：Aさんは，ノートをとるスピードが遅く，周りの生徒からは「授業が
　　終わってもまだ書き写している。いつも遅い」と言われてしまう。

考えられる原因

・言葉の理解と読み書きに難があり，一つ一つの内容を消化するのに時間が
　かかる。

支援のポイント

・板書は少なくして，なるべく最後まで消さないようにする 。

・言葉による説明だけでなく，視覚的な情報もあわせて提供する。

・見通しをもたせながら，ゆっくりとしたスピードで説明する。

・担任とチームティーチング教員，保護者で情報共有を行い，教科書にふり
　がなを振る，文節ごとに斜線を引くなどの支援を行う。

|個別場面での支援|　ADHD と ASD の重複がある生徒の事例（高校2年生）

状況：Bさんは，学校の式典で入場曲を流したとき突如不快感を示し，「式
　　に参加したくない」と主張した。イライラした様子は収まらず，ついに体
　　育館から外へ飛び出してしまった。

考えられる原因

・感覚過敏があり，特定の音に不快感を示す傾向がある。

・衝動的に行動や発言をする傾向がある。

支援のポイント

・卒業式や入学式では，周囲との了解のもと，イヤーマフ（防音保護具）を
　つけて参加する。

・耳からの情報だけでなく，視覚的な補助機器を用いる。

・感情のコントロール方法（アンガーマネージメント）を学ぶ機会をもつ。

・特別な指導を行うときは，個別指導ができる教室を活用する。クールダウ
　ンの場として，保健室や図書室が利用可能なことを周囲にも知らせる。

コラム4 学校種を越えた連携の実際

2007（平成9）年の学校教育法の改正により，学校教育は幼稚園・保育園から始まることが明記され，幼児期の教育と小学校教育の円滑な接続の重要性が増しています（文部科学省，2010）。

また，近年，小学校1年生の教室で，授業中に座っていられない，教員の話を聞かないなど，集団行動がとれず授業が成り立ちにくい状態が数カ月月にわたって継続する，「小1プロブレム」と呼ばれる問題が出現しています。

A市では，中学校で不登校が増加したことを受け，要因を分析したところ，不登校の生徒たちは，幼児期から友達や集団とのかかわりや基本的な生活習慣などで，その兆候があったことがわかりました。中学校で起こる不登校の問題を中学校だけの問題ととらえず，それ以前の幼稚園・保育園，小学校段階における発達課題の積み残しと考え，学校種を越えた連携が開始されたのです。

本稿では，A市での取り組み，幼稚園・保育園と小学校の連携の実際を紹介します。

資料：気になる子どもの特徴　　　　　　　　　　　嶋野（2010，2014）

①友達や集団とのかかわり

・トラブル行動（反社会的行動）：納得がいかないと豹変して怒りをあらわにする，人に譲らず頑固，自分中心でけんかやトラブルが起きるなど。

・非社会的行動：言葉を話さない，みんなの遊びに参加できないなど。

・自閉的行動：独特の世界をもっている，話の意味が理解できないなど。

・多動的行動：椅子に座っていられない，興味がすぐに移り変わるなど。

②基本的生活習慣

・食事の習慣：偏食がある，食事のマナーを獲得しにくいなど。

・睡眠の習慣：興奮するとなかなか寝つけない，睡眠不足など。

・排泄の習慣：尿意や便意を知らせられない，適切な場所で排泄できないなど。

・着脱衣の習慣：衣服の着脱が一人でできないなど。

・清潔の習慣：うがいや手洗い，歯磨きや鼻かみなどがうまくできないなど。

学校種を越えたソーシャルスキルプログラムの実施

　Ａ市での取り組みとして，まず，基本的生活習慣の確立と友達や集団とのかかわりを促進するためのソーシャルスキルの育成をめざしました。

　幼稚園・保育園の３年間と小学校１～３年生までの３年間，計６年間（全体は中学校までの12年分）で，家庭や園・学校で，子どもたちに何を身につけさせたいか，そのための支援法は何かを話し合いました。そして，実際に６年間の教育の中で，それを系統的に身につけることができるようなプログラムを作成し，実施しました。

　取り組みの一環として，家庭での取り組みを促進するために，５歳児の保護者に向けてお便りを発行しました。

　具体的な内容は，小学校までに身につけてほしい基本的生活習慣と集団生活を営むうえで必要な集団生活のスキルについて，習慣が必要な理由，身につけさせる方法などとしました。発行後は必ず保護者の意見や感想を聞くなど，コミュニケーションを図りながら取り組みました。

幼稚園・保育園と小学校，交流のシステムづくり

　小学校低学年の児童と幼稚園・保育園の幼児が交流する機会をもち，教員が交流する仕組みもつくりました。

　小学校の教員は各園に出向き，数年後に小学生になる幼児の様子を観察します。「１年生ならこのくらいできてあたりまえ」とは考えず，実態に即した指導が可能になるように，実際の子どもの様子を把握する取り組みです。

　いっぽう，幼稚園・保育園の教員は小学校に出向き，自分が担当した子どもたちが小学生になった姿を観察し，基本的生活習慣や集団生活のスキルに関して，幼児期にはできたことが環境の変化などにより対応できなくなっている様相があれば小学校の教員に伝えるとともに，小学校での適応を視野に入れて幼児期に必要な支援のあり方を再検討します。

　Ａ市ではこの取り組みにより，幼稚園・保育園での支援が，小学校でも途切れることなく継続して行われるようになりました。

　このように，特別支援教育には，幼稚園・保育園と小学校の教職員間の連携が促進するシステムづくりも大変重要になります。

引用参考文献

基礎編

〔1〕

文部省．学制百二十年史編集委員会（1992）．学制百二十年史．／学校教育法第71条．／川合紀宗・若松昭彦・牟田口辰己（2016）．特別支援教育総論——インクルーシブ時代の理論と実践．北大路書房．／国立特別支援教育総合研究所（2015）．特別支援教育の基礎・基本　新訂版——共生社会の形成に向けたインクルーシブ教育システムの構築．ジアース教育新社．／守屋國光（2015）．特別支援教育総論——歴史，心理・生理・病理，教育課程・指導法，検査法．風間書房．／髙橋純一・松﨑博文（2014）．障害児教育におけるインクルーシブ教育への変遷と課題．福島大学人間発達文化学類論集，19，13-26．／高橋眞琴（2016）．インクルーシブ教育時代の教員の専門性．ジアース教育新社．／徳永豊・松村勘由．アメリカにおける特殊教育の教育課程について．平成13年度～平成15年度プロジェクト研究——21世紀の特殊教育に対応した教育課程の望ましいあり方に関する基礎的研究．国立特別支援教育総合研究所．

〔2－1〕

学校教育法第72条．／学校教育法第81条．／文部科学省（2013）．障害のある児童生徒に対する早期からの一貫した支援について（通知）．／川合紀宗・若松昭彦・牟田口辰己（2016）．特別支援教育総論——インクルーシブ時代の理論と実践．北大路書房．／国立特別支援教育総合研究所（2015）．特別支援教育の基礎・基本　新訂版——共生社会の形成に向けたインクルーシブ教育システムの構築．ジアース教育新社．／守屋國光（2015）．特別支援教育総論——歴史，心理・生理・病理，教育課程・指導法，検査法．風間書房．

〔2－2〕

学校教育法施行規則第140条．／学校教育法施行規則第141条．／文部科学省（2017）．小学校学習指導要領．／文部科学省（2017）．中学校学習指導要領．／文部科学省（2006）．文部科学省告示第五十四号．

〔2－3〕

文部科学省（2009）．特別支援学校小学部・中学部学習指導要領　第7章．

〔3－1〕

文部科学省（2004）．小・中学校におけるLD（学習障害），ADHD（注意欠陥／多動性障害），高機能自閉症の児童生徒への教育支援体制の整備のためのガイドライン（試案）．

〔3－2〕

文部科学省（2003）．今後の特別支援教育の在り方について（最終報告）．／中央教育審議会（2012）．初等中等教育分科会（第80回）配布資料．

〔4〕

文部省（1999）．学習障害児に対する指導について（報告）．／文部科学省（2003）．今後の特別支援教育の在り方について（最終報告）．／文部科学省HPより．特別支援教育について

4. それぞれの障害に配慮した教育. http://www. mext. go. jp/a_menu/shotou/tokubetu/ 004（2017. 11. 1）

〔5〕
文部科学省（2016）. 外国人児童生徒等教育の現状と課題. ／厚生労働省（2012，2015）. 国民生活基礎調査の概況，Ⅱ各種世帯の所得等の状況.

〔コラム1〕
DSM-5 精神疾患の分類と診断の手引 原著：American Psychiatric Association（2014）. 日本精神神経学会日本語版用語監修, 高橋三郎・大野裕監訳.

〔6－1〕
小田浩伸（2009）. 行動観察によるアセスメント. 須田正信編. 基礎からわかる特別支援教育とアセスメント. 明治図書. 37-72.

〔6－2〕
文部科学省（2017）. 小学校学習指導要領. 文部科学省（2017）中学校学習指導要領. ／文部科学省（2017）. 発達障害を含む障害のある幼児児童生徒に対する教育支援体制整備ガイドライン. ／文部科学省（2004）. 小・中学校におけるLD（学習障害），ADHD（注意欠陥／多動性障害），高機能自閉症の児童生徒への教育支援体制の整備のためのガイドライン.

〔7〕
National Center on Universal Design for Learning（2009）. UDL Guidelines, http://www. udlcenter. org/aboutudl/udlguidelines. ／Sailor, W.（2009）. Making RTI work: How smart schools are reforming education through schoolwide response-to-intervention. San Francisco, CA. : Jossay-Bass. ／OECD. THE DEFINITION AND SELECTION OF KEY COMPETENCIES. ／関内偉一郎（2016）. ギフテッド教育におけるRTIモデル活用に関する一考察——アメリカ合衆国の教育システム統合の動きに着目して. 筑波大学教育学系論集. 40（2）. 31-44. ／Montana Office of Public Instruction（2009）. Response to Intervention and Gifted and talented Education http://opi. mt. gov/pub/RTI/Resources/RTI_Gifted_ Talented. pdf. ／Sailor, W. &Roger, B.（2005）. Rethinking inclusion：Schoolwide applications. *Phi Delta Kappan*, **86**, 503-509. ／Sugai, G. & Horner, R. （2002）: The evolution of discipline practices：School-wide positive behavior supports. *Child & Family Behavior Therapy*, **24**, 23-50. ／渡辺弥生（2013）. 学校危機予防教育の流れと展望 アメリカでの取り組み. 法政大学文学部紀要, **67**, 57-69. ／Carr, G. E.（2007）. The expanding vision of positive behavior support: Research perspectives on happiness, helpfulness, hopefulness. *Journal of Positive Behavior Interventions*, **9**（1）, 3-14.

〔コラム2〕
藤田和弘監修・熊谷恵子・熊上崇・小林玄編著（2016）. 長所活用型指導で子どもが変わるPart5——KABC-Ⅱを活用した社会生活の支援. 図書文化. ／国立特別支援教育総合研究所（2016）. 特別支援教育でICTを活用しよう. ／東京都教育委員会（2017）. 東京都発達障害教育推進計画 ICT機器の活用事例集——児童の学習上の困難さを改善するために.

実践編

〔8〕

文部科学省（2002，2012）．通常の学級に在籍する特別な教育的支援を必要とする児童生徒に関する全国実態調査．／文部科学省（2013）．平成24年度特別支援教育に関する調査の結果について．／上野一彦（2013）．解説：通常の学級に在籍する発達障害の可能性のある特別な教育的支援を必要とする児童生徒に関する調査結果について．LD研究，**22**（1），78-95．／河村茂雄（2005）．ここがポイント 学級担任の特別支援教育．図書文化．／河村茂雄（2012）．学級集団づくりのゼロ段階――学級経営力を高めるQ-U式学級集団づくり入門．図書文化．／河村茂雄（2017）．学校管理職が進める教員組織づくり．図書文化．／河村茂雄（2006）．特別支援教育を充実させる学級経営．図書文化．／宮木秀雄・米沢崇・内村菜央・林孝（2014）．小学校における校内の特別支援教育体制に対する教員の意識―2008年と2012年の調査結果の比較から．LD研究．**23**（2），199-206．

〔コラム3〕

石隈利紀（1999）．学校心理学――教師・スクールカウンセラー・保護者のチームによる心理教育的援助サービス．誠信書房．／河村茂雄（2006）．学級づくりのためのQ-U入門．図書文化．／文部科学省（2012）．通常の学級に在籍する発達障害の可能性のある特別な支援を必要とする児童生徒に関する調査．

〔9－1〕

河村茂雄（2017）．アクティブラーニングを成功させる学級づくり――「自ら学ぶ力」を着実に高める学習環境づくりとは．誠信書房．／Bandura, Albert（1977）．Social Learning Theory．Englewood Cliffs, NJ: Prentice –Hall．／Uslaner, E. M（2003）．Trust in the knowledge society．Prepared for the Conference on Social Capital, Cabinet of the Government of Japan, March 24-25, Tokyo．／E・M・アスレイナー著，野村恭彦監修，西田優子訳．知識社会における信頼．宮川公男・大森隆（2004）．ソーシャル・キャピタル――現代経済社会のガバナンスの基礎．東洋経済新報社．123-154．／文部科学省（2011）．子どものたちのコミュニケーション能力を育むために〜「話し合う・創る・表現する」ワークショップへの取組〜（審議経過報告）．

〔9－2〕

河村茂雄（2006）．学級づくりのためのQ-U入門．図書文化．／文部科学省（2012）．通常の学級に在籍する発達障害の可能性のある特別な支援を必要とする児童生徒に関する調査．

〔10－1〕

河村茂雄（2005）．ここがポイント 学級担任の特別支援教育．図書文化．／深沢和彦（2017）．Q-Uを活用した学級づくりと個別支援（11）特別支援教育と学級づくり．指導と評価，**63**（2），24-26．

〔11〕

障害を理由とする差別の解消に関する法律（平成25年法律第65号）第7条，第5条，第2章第2号．／日本国憲法26条．／教育基本法第4条．

〔12〕

文部科学省（2017）．小学校学習指導要領解説 特別活動編．／河村茂雄（2012）．教育相談の理論と実際．図書文化．／河村茂雄・藤村一夫・浅川早苗（2009）．Q-U 式学級づくり小学校低学年．図書文化．／河村茂雄・藤村一夫・浅川早苗（2009）．Q-U 式学級づくり小学校中学年．図書文化．

〔13〕

文部科学省（2012）．通常の学級に在籍する発達障害の可能性のある特別な教育的支援を必要とする児童生徒に関する調査．／文部科学省（2017）．中学校学習指導要領 第5章特別活動．／文部科学省（2009）．子どもの徳育の充実に向けた在り方について（報告）．／矢部京之助・草野勝彦・中田英雄（2004）．アダプテッド・スポーツの科学——障害者・高齢者のスポーツ実践のための理論．市村出版．／神奈川県立体育センター（2007）．支援を必要とする児童生徒のための体育指導の参考　http://www. pref. kanagawa. jp/cnt/f370359/

〔14〕

文部科学省（2009）．特別支援教育の推進に関する調査研究協力者会議高等学校ワーキング・グループ（報告）．／坂内仁・熊谷恵子（2017）．高校生の就労に関わるソーシャルスキルの指導——高等学校と特別支援学校における短期指導の事例の比較検討．LD 研究，**26**，240-252．／河村茂雄・藤原和政（2010）．高校生の学校適応を促進するための援助に関する研究——学校タイプ，学校生活満足度の視点から．学校心理学研究，**10**，53-62．／宮崎光明・福永顕・宮崎美江・井上雅彦（2014）．青年期の広汎性発達障害者に対する生活シミュレーショントレーニングの効果．LD 研究，**23**，320-330．／柘植雅義・秋田喜代美・納富恵子・佐藤紘昭（2007）．中学・高校における LD・ADHD・高機能自閉症等の指導——自立をめざす生徒の学習・メンタル・進路指導．東洋館出版社．／梅永雄二（2012）．社会的自立・就労の指導．竹田契一・花熊　暁・熊谷恵子．特別支援教育の理論と実践（第2版）Ⅱ指導．金剛出版．／海口浩芳（2013）．自閉症スペクトラム学生への対応をめぐる高大接続の課題——課題抽出のための予備的考察．北陸学院大学短期大学部研究紀要，**6**，99-108．

〔コラム4〕

文部科学省（2010）．幼児期の教育と小学校教育の円滑な接続の在り方について（報告）．／嶋野重行（2010）．「気になる」子どもに関する研究（3）幼稚園における ADHD が疑われる子どもに対する支援と事例．盛岡大学短期大学部紀要，**20**，23-34．／嶋野重行（2014）．「気になる」子どもに関する研究（7）幼稚園の調査と「気になる子どもチェックリスト」の作成．盛岡大学短期大学部紀要，**24**，33-44．

◆執筆者紹介（原稿順）

※所属は 2017 年 11 月現在

武蔵 由佳 むさし・ゆか 　1，2-1，コラム 4 を執筆
盛岡大学文学部准教授。早稲田大学大学院教育学研究科単位取得退学。博士（心理学）。公立中学校・私立高校の相談員，都留文科大学および早稲田大学非常勤講師を経て現職。

粕谷 貴志 かすや・たかし 　2-2，3-1 を執筆
公立小中学校教諭を経て，現在，奈良教育大学教職開発教授。愛着などの発達の課題を抱える児童生徒の理解と支援についての研究を行っている。

苅間澤 勇人 かりまざわ・はやと 　2-3 を執筆
会津大学上級准教授。早稲田大学大学院教育学研究科博士後期課程（研修指導終了退学）。公立高等学校教諭を経て現職。

熊谷 圭二郎 くまがい・けいじろう 　3-2，6-1 を執筆
千葉科学大学准教授。早稲田大学大学院教育学研究科博士課程満期退学。公立高等学校教諭を経て，現職。臨床心理士。

深沢 和彦 ふかさわ・かずひこ 　4，6-2，10-1 を執筆
山梨県南アルプス市立櫛形北小学校教諭。早稲田大学大学院博士後期課程。学校心理士。上級教育カウンセラー。ガイダンスカウンセラー。

水谷 明弘 みずたに・あきひろ 　5 を執筆
早稲田大学非常勤講師。早稲田大学大学院教育学研究科博士課程単位取得退学。三重県教育委員会生徒指導・健康教育室長，三重県立四日市高校長を歴任。

河村 昭博 かわむら・あきひろ 　9-2，コラム 3 を執筆
早稲田大学大学院教育学研究科教育基礎学専攻博士後期課程。教員の指導行動と教員のユーモア表出にかかわる実証的な研究をめざす。

勝田 真至 かつた・しんじ 　11 を執筆
千葉県立香取特別支援学校勤務。千葉県内を中心に，通常の学級に在籍する特別な支援を必要とする児童への対応について，助言や講義等を行っている。

後藤 里英 ごとう・りえ 　12 を執筆
早稲田大学大学院教育学研究科（修士課程）在籍。学校教育における（学級）集団を生かした道徳性やコンピテンシーの育成に興味があり，研究中。

河村 明和 かわむら・あきかず 　13 を執筆
早稲田大学大学院教育学研究科教育基礎学専攻博士後期課程。中学校・高等学校保健体育科専修免許，心理検査士を取得。部活動や体育の実証的な研究をめざす。

井芹 まい いせり・まい 　14，コラム 2 を執筆
早稲田大学教育・総合科学学術院非常勤講師。私立佼成学園女子中学・高等学校スクールカウンセラー。初級教育カウンセラー。心理検査士。

編著者紹介

河村 茂雄 かわむら・しげお　　**7，8，9-1，10-2，コラム1を執筆**

早稲田大学教育・総合科学学術院教授。筑波大学大学院教育研究科カウンセリング専攻修了。博士（心理学）。公立学校教諭・教育相談員を経験し，岩手大学助教授，都留文科大学大学院教授を経て現職。日本学級経営心理学会理事長。日本教育カウンセリング学会理事長。日本教育心理学会理事。日本カウンセリング学会理事。日本教育カウンセラー協会岩手県支部長。

［著書］『教師のためのソーシャル・スキル』『アクティブラーニングを成功させる学級づくり』（以上，誠信書房），『学級集団づくりのゼロ段階』『学級担任の特別支援教育』（以上，図書文化），『教師のための失敗しない保護者対応の鉄則』（学陽書房）ほか多数。

学級担任が進める
特別支援教育の知識と実際
集団の教育力を生かしたインクルーシブ教育の実現

2017 年 11 月 30 日　　初版第 1 刷発行［検印省略］

編著者　**河村茂雄**
発行人　福富　泉
発行所　株式会社 図書文化社
　　　　〒112-0012　東京都文京区大塚 1-4-15
　　　　Tel: 03-3943-2511　Fax: 03-3943-2519
　　　　http://www.toshobunka.co.jp/
装　　幀　株式会社 オセロ
印刷・製本　株式会社 厚徳社

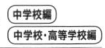